ARCHIVOS SECRETOS DEL HUMOR

CHECHO HIRANE

ARCHIVOS SECRETOS DEL HUMOR

CHECHO HIRANE

grijalbo

ARCHIVOS SECRETOS DEL HUMOR
© CHECHO HIRANE
Inscripción N°:117.187
ISBN 956-258-111-x

© Editorial Grijalbo S.A.
Grupo Grijalbo - Mondadori.
Almirante Barroso 27, Santiago.
Teléfono: 696 2689.

Derechos exclusivos reservados para todos los países.
Prohibida su reproducción total o parcial, para uso privado o colectivo, en cualquier medio impreso o electrónico, de acuerdo a las leyes N° 17.336 y 18.443 de 1985.
(Propiedad intelectual).

Diseño portada, dibujos y diagramación: Ricardo Badtke Epple.
Corrección: Oscar Aedo I.

Primera edición: Noviembre de 2000
Segunda edición: Enero de 2001

*Dedicado a mi padre,
en recuerdo a su maravilloso sentido del humor.*

ADVERTENCIA

SEÑOR LECTOR:

EN LAS SIGUIENTES PÁGINAS USTED SE ENCONTRARÁ CON UN LENGUAJE FUERTE Y PROCAZ. EL CONTENIDO DE LAS MISMAS NO ES RECOMENDABLE PARA PERSONAS SIN CRITERIO FORMADO. SI USTED ES DE AQUELLAS PERSONAS QUE SE INCOMODAN CUANDO ALGUIEN DICE POTO, ENTONCES CIERRE ESTE LIBRO Y PIDA QUE LE DEVUELVAN LA PLATA, PORQUE SI NO VA A QUEDAR HORRORIZADO, SE LE VA A PRODUCIR UNA CONTRADICCIÓN VITAL, YA QUE DESPUÉS DE LEER EL MISMO, SE VA A DAR CUENTA QUE EL POTO ES LO MÁS LIMPIO Y PURO QUE CONOCIÓ EN SU VIDA.

INTRODUCCIÓN

Dicen que para morir tranquilo hay que plantar un árbol, tener un hijo y escribir un libro. Durante mi vida he tenido la suerte de plantar varios árboles, porque soy un amante de la naturaleza, tengo cuatro maravillosos hijos que son mi razón de existir y sólo me faltaba escribir un libro, por lo que, después de 20 años de carrera artística, me decidí a publicar **"Archivos Secretos del Humor"**, como una forma de dejar registrado todo mi trabajo y de este modo agradecer a todo ese público que me ha apoyado.

Por primera vez no me he censurado en el contenido. Te encontrarás con chistes blancos, negros, verdes y rojos, los mismos que se cuentan en reuniones de amigos. Esta selección no tiene otro objetivo que darte entretención y si logro que por un momento olvides tus problemas, me doy por satisfecho.

La vida es demasiado importante como para tomarla en serio y la risa es el mejor catalizador, porque si te ríes de tus fracasos, evitarás una depresión; y si te ríes de tus éxitos, evitarás que la vanidad te nuble la vista, permitiendo que tus pies se mantengan en el suelo.

Te invito a abrir este libro en cualquier página. Cada vez que sientas que un problema te ahoga recurre a estas líneas. Probablemente no te lo solucione, pero estoy seguro que te va a cambiar la forma de enfrentarlo. Hecha ya la invitación, depende ahora de tu actitud el dejar que fluya ese maravilloso sonido llamado RISA.

El Autor

AGRADECIMIENTOS

La verdad es que son muchas las personas a las que debo agradecer la posibilidad de escribir esta selección de chistes, pero trataré de ser breve porque si no daría para escribir otro libro.
En primer lugar, a mi hermano Lipe que hace muchos años me obligó a meterme en el tema de la computación. En esa época lo increpé, diciéndole que para qué le podría servir a un humorista un computador. Al cabo de los años me doy cuenta que sin este maravilloso aparato jamás habría tenido la base de datos con más de 10.000 chistes que me ha permitido hacer esta selección.

En segundo lugar, a mi familia por todo el tiempo que les he quitado al escoger esta actividad tan maravillosa pero a la vez tan sacrificada en términos de dedicación.

Con gran satisfacción quiero agradecer a mis colegas humoristas por su aporte en estas páginas, lo que habla muy bien de ellos como profesionales y como seres humanos, al aceptar sin ninguna condición y en forma absolutamente desinteresada participar en forma tan simpática en esta aventura.

Por último, quiero agradecerle a mi equipo de toda la vida: a mi amigo Claudio Riquelme por sus sabios consejos y oportunas recomendaciones y muy particularmente a Tito Acuña, mi director musical y compañero de muchas jornadas, que sin su fundamental ayuda me habría sido imposible publicar este libro.
A todos los nombrados y a tantos amigos que me animaron, sólo les puedo decir muchas gracias.

Checho Hirane

Niños

No existe mejor tesoro para un padre que sus niños, pero también hay que decir que cuando los niños son pequeños dan ganas de comérselos y cuando crecen uno dice ¿por qué mierda no me los comí...?

1.
Llega el niñito a clases todo magullado y el profesor le pregunta:
- ¿Qué te pasó Pedrito?
- Mis papás me sacaron la cresta.
- Pero cómo tus papás te iban a pegar así...
- Sí, le explicó, yo iba pasando por fuera de la pieza de mis papás y escuché a mi papá que le decía a mi mamá, vieja, me voy... me voy y mi mamá le decía, yo también me voy y yo entré a despedirme y me sacaron la cresta...

2.
El niñito miraba por la cerradura de la puerta de los papás y decía:
- Y pensar que a mí me quieren llevar al sicólogo porque me meto los dedos en las narices.

3.
El niñito era hijo de una viuda y vio a su mamá frente al espejo totalmente desnuda que decía:
- Dios mío, necesito un hombre... mándame un hombre... El niñito corrió a su pieza y se encerró. Al otro día llegó a su casa y vió que su mamá estaba con un hombre, corrió al mismo espejo, se desnudó y empezó a decir:
- Dios mío, necesito una bicicleta, una bicicleta...

4.
Tres niñitas, una de siete, otra de cinco y la otra de tres años iban caminando por la playa como a eso de las ocho de la noche y quedaba una sola pareja, pero estaban en pleno...como te lo explico...La de siete años dijo:
- Miren esa pareja, están jugando...La de cinco:
- No, tonta, no están jugando, están haciendo el amor; y la de tres se sacó el chupete y dijo:
- Y mal...

5.
El profesor les dijo a las alumnas:
- Muy bien, niñitas, hoy día haremos clases de educación sexual... Una niñita levantó la mano y preguntó:
- Señor, las que estamos embarazadas, ¿podemos salir a recreo?

6.
- Mamá, en el colegio me dicen maricón...
- ¿Y a mí qué?
- A ti te dicen la rucia maraca...

7.
El papá se estaba duchando y tenía toda la parte de atrás al aire cuando entra el niñito y le pregunta:
- Papá, ¿qué es lo que tienes ahí?
- Ese es el hachazo de Dios, le contesta...
- ¿Y te lo pegó justo en la raja?

8.
Un señor muy gordo está parado frente a un colegio, sale el profesor y le pregunta:
- Señor, ¿espera un niño?
- No, señor, he sido siempre así.

9.
¿Saben cómo se hacen los hijos?, pregunta la maestra a las niñas.
- ¡¡Síiiii!! Contestaron todas.
- Entonces, creo que es el momento de que aprendan cómo se evitan.

10.
- Mamá, mamá.
- Dime, hijito.
- Si Dios nos da de comer, la cigüeña trae a los niños y Santa Claus trae los juguetes, ¿qué diablos hace mi papá en esta casa?

11.
- A ver, Pepito, dime, ¿quién descubrió América?
- Bernardo O'Higgins, señorita.
- ¡Cómo se le ocurre semejante barbaridad!, fue Cristóbal Colón.
- Bueno, si usted mete a los extranjeros...

12.
La niñita le dice a la mamá:
- Oye, mamá, ¿yo nací de día o de noche?
- De noche, mijita.
- ¿Y te desperté?

13.
- A ver Pepito, ¿en cuántas partes se divide el cráneo?
- Depende, señor.
- ¿Depende de qué?
- Depende del peñascazo, profesor.

14.
La nieta le dice a la abuelita:
- Abuelita, abuelita, muéstrame el pie que mi papá dice que tienes en el cementerio.

15.

Una tía del parvulario llega con todos sus niñitos al hipódromo para mostrarles los caballos. De pronto uno de ellos le dice:
- Tía, quiero hacer pipí.
- Bueno, Carlitos, ven que te voy a ayudar a que hagas pis; estaba en eso cuando empezaron a llegar todos los demás niños para lo mismo, así que les empezó a ayudar uno por uno. De pronto llegó un niño que le llamó mucho la atención y le dijo:
- ¡Huy, niñito, qué desarrollado eres!, dile a tu mamá que venga mañana a conversar conmigo.
- No, señorita, yo no soy alumno, soy jinete.

16.

Pepito se acerca al papá tratando de decirle algo al oído y este le dice:
- ¡Niño! Te he dicho que es de mala educación secretearse... lo que tengas que decir, dilo en voz alta.
Y Pepito sacando la voz más fuerte que pudo, le gritó:
- Dijo mi mamá, que tratará de echar a estos viejos bolseros porque lo que hay de cenar no alcanza para todos.

17.

- Acúsome, padre de haberle sacado la lengua a mi mamá.
- No te preocupes, hijo, eso no es pecado, casi todos los niños le sacan la lengua a su mamá.
- Sí, padre, ya lo sé, pero es que la de mi mamá sangra mucho.

18.

Dos niñitos conversaban:
- Oye, Pepito ¿por qué tenemos niña en los ojos?
- Porque si tuviéramos niño, lloraríamos a chorritos.

19.
El niño a su mamá:
- Oye, mamá, un pajarito te ensució el sombrero.
- Entonces, Pepito, iremos a la iglesia.
- ¿Y para qué, mamá?
- Para dar gracias a Dios de que los elefantes no vuelan...

20.
- A ver, Lisandrito, ¿es comestible la carne de la ballena?
- Sí, profesor.
- ¿Y qué se hace con los huesos?
- ¡Se dejan al lado del plato, profesor!

21.
- Hoy has estado hablando durante toda la clase, así es que mañana deberás venir con tu mamá al colegio.
- Muy bien, profesor, pero le advierto que mi mamá habla mucho más que yo.

22.
El niño le dice a la profesora:
- Señorita, tan grande que es mi papá y el otro día lo encontré jugando con una muñeca gigante.

23.
El niño llega llorando desesperado y gritando:
- Mamá, mamá, en el colegio todos dicen que soy distraído.
- Ya, mijito, no les haga caso....déjese de llorar y váyase para su casa.

24.
Un niño le pide al papá, que es prestamista, que le enseñe los trucos de la profesión. El padre le dice:
- Está bien, súbete al techo y tírate de cabeza.
- Pero, cómo se te ocurre, puedo matarme...
- No te preocupes, que yo voy a estar abajo para recibirte.

El niño salta y el padre se queda con los brazos cruzados. Entonces, el papá le dice:
- Primera lección, hijo, en este negocio no te fíes ni de tu padre.

25.
Llega el niño gritando:
- Papá, papá, un avión macho, un avión macho. Sale el papá a ver y le dice:
- No, hijo, esas son las ruedas, lo que pasa es que va a aterrizar.

26.
- Pepito, deja ahí el diario de vida de tu hermana.
- Está bien, mamá, pero explícame, ¿qué significa perder la virginidad?

27.
Llega el niño todo revolcado y sangrando a su casa y el papá le pregunta:
- ¿Qué te pasó?
- Un chico de la escuela me ha golpeado.
- Te voy a llevar al colegio para reclamar, ¿crees que podrás reconocer al niño que te golpeó?
- Claro que sí, papá, tengo un pedazo de su oreja en el bolsillo.

28.
- Mamá, pregunta el niño, ¿cómo nací yo?
- Te trajo la cigüeña, mijito, contestó la mamá.
- ¿Y a ti?
- A mí también.
- ¿Y a mi abuelita?
- A ella también la trajo la cigüeña.
- Ah, eso quiere decir que en esta familia no ha habido relaciones sexuales durante tres generaciones.

29.
- Vengan a ver la pelea; mi papá se está peleando.
- ¿Y cuál es tu papá?
- No sé todavía, por eso se están peleando.

30.
El niño a la mamá:
- Qué feo es el bebé de la vecina... con razón lo tenía escondido debajo de la falda.

31.
- A ver, Juanito, dígame dos pronombres, le dice el profesor.
- ¿Quién, yo?
- Muy bien, Juanito, aprobado.

32.
El niño de cuatro años pregunta sorpresivamente:
- Mamá, ¿qué significa pene? La mamá, asustada, le responde:
- Niño, ¿de dónde aprendiste esa palabrota?
- De mi tía que le está rezando al tío que se murió para que no pene.

33.
Invitado al despedirse:
- Nunca había comido tan bien como hoy. Y el niño más pequeño de la familia exclama:
- ¡Nosotros tampoco!

34.
El profesor:
- Quedamos entonces en que Napoleón nació en 1769. Ahora bien, ¿qué suceso importante ocurrió en 1772, Juanito?
- Ese año Napoleón cumplió tres años, señor.

35.

Niño a su padre:
- Papá, préstame tu ojo de vidrio que se me perdió mi bolita.

36.

La mamá sorprende en actitud sospechosa al niño dentro del baño y le pregunta:
- ¿Qué estás haciendo, Pepito?
- Estoy haciendo pipí, mamá.
- Bueno, para la próxima vez no hace falta que le des tanto ánimo porque el pipí sale solito.

37.

El niño está sentado en la puerta y llega un señor y le dice:
- ¿Está tu mamá en casa?
- Sí, señor.
- El tipo toca el timbre una y otra vez y nadie le sale a abrir.
- No me dijiste que estaba tu mamá en casa.
- Sí, señor.
- Y entonces, ¿por qué no sale a abrir?
- Porque yo no vivo aquí, vivo en la casa de enfrente.

38.

- A ver, Pedrito, dime, ¿qué es un caníbal?
- No sé, profesor.
- Mira, por ejemplo, si tú te comes a tu padre y a tu madre, ¿qué serías?
- Huérfano, profesor.

39.

Juanito le dice a su profesor:
- Señor, ¿usted me castigaría por algo que no he hecho?
- No, Juanito, cómo se te ocurre.
- Qué bueno, señor, porque no he hecho las tareas.

40.

Dos niñitos pasean frente a un burdel y uno le dice al otro:
- Jaimito, ¿tu sabes qué significa AUTOMÁTICAMENTE?
- Sí, le dice, por ejemplo, si ahora viéramos a tu mamá saliendo por esa puerta, y le indica el burdel, tú, AUTOMÁTICAMENTE, serías un hijo de puta.

41.

Un niño de tres años descubre a su papá disfrazándose de Santa Claus y le dice:
- Papá, lo sé todo.
- Hijo, no le digas nada a tu mamá y toma mil pesos. El niño va donde su madre y le dice:
- Mamá, lo sé todo.
- Hijo, no le digas nada a tu padre y toma cinco mil pesos.
- El niño ve que la frasecita es un negocio redondo y comienza a buscar a alguien más. Ve al jardinero y le dice:
- Pepe, lo sé todo. El jardinero sorprendido exclama:
- ¡Hijo mío!

42.

En el campo, un abuelo ve pasar a su nietecita guiando una vaca.
- ¿Adónde vas, hija, con esa vaca?
- La llevo para cruzarla con el toro, tata.
- ¡Pero, qué barbaridad! ¿Y eso no lo puede hacer tu padre?
- No, tata, tiene que ser el toro.

43.
La profesora:
- Juanito, el trabajo que hiciste sobre el padre es idéntico al de Pepe.
- ¡Es que somos hermanos, señorita!

44.
El niño llega llorando hasta donde su mamá con la tortuguita en la mano.
- ¡Mami, mami, mi tortuguita está muerta! La madre lo acaricia y le dice:
- No te apenes, mi amor. Lamentablemente, nadie vive para siempre. Pero, vamos a hacer algo muy lindo: un gran funeral. Vamos a invitar a todos los niños del barrio y le pondremos muchas flores. Después, para consolarte, te voy a llevar al Parque de Diversiones, a los videojuegos y a tomar helados. Ahí la tortuga mueve la cabeza.
- Mira, mi amor, ¡la tortuga está viva! Y el niño le pregunta:
- Mami, ¿puedo matarla?

45.
El padre:
- ¡Pero, hijo, estas calificaciones son un desastre!... matemáticas, un uno ... castellano, un uno... historia, otro uno. ¡Estas notas merecen una paliza!
- ¡Tienes toda la razón, papá, aquí tienes la dirección del profe!

46.
La profesora les dice a los niños:
- Quiero que me nombren objetos que tengan pelos.
A ver Jaimito, nómbrame uno.
- La cabeza de mi papá, señorita.
- Muy bien, ahora tu Pedrito.
- Las bolas de villar, señorita.

Cómo se te ocurre, niño, las bolas de villar no tienen pelos.
- Cómo que no, a ver, Villar, muéstrale las bolas a la señorita.

47.
Un niñito le dice a una niñita:
- Juanita, ¿me dejas ponerte mi dedito en tu ombliguito?
Bueno, Pedrito, contesta la niñita. Luego le dice:
- Oye, oye, Pedrito, ese no es mi ombliguito; y el niño le contesta:
- No te preocupes, Juanita, que ese tampoco es mi dedito.

48.
¿Cuántos años tienes, Pepito?
- Once. Bueno, no. Tengo doce, pero ¡como estuve un año enfermo!

49.
Ahora, dice la maestra, les contaré cómo fue creado el primer hombre y la primera mujer.
- Eso ya lo sabemos, señorita, dice Pepito. Lo que nos gustaría saber es cómo fue creado el tercer ser humano.

50.
El dueño del fundo fue a la feria de animales a comprar toros con su hijo y cada vez que le mostraban un animal, le tocaba los testículos y decía:
- Este está bien, lo compro; y seguía repitiendo la operación varias veces; al ver esto el niño sintió curiosidad y le preguntó:
- Papá ¿por qué le agarras los testículos a los toros?

- Para saber si son buenos, hijo. Al otro día el niño viene corriendo y le dice:
- Papá, papá, mi mamá está comprando al mayordomo.

51.
El taradito le dice a la mamá:
- Mamá, no me esperes a comer esta noche.
- ¿Por qué, mijito?
- Porque ya llegué.

52.
- Mamá, mamá... ahí viene el señor del arriendo. ¿Tienes con qué pagarle o me voy a jugar al jardín?

53.
- Mamá, cómprame ese muñequito de chocolate.
- ¿Cuál quieres? ¿Esa muñequita?
- No, quiero el muñequito porque trae un pedacito de más.

54.
- Ayer llamé a mi hijo que tiene 7 años y le dije:
- Ven acá, hijo, que tenemos que hablar de hombre a hombre; y el niño me contestó:
- A ver, papá, habla luego, ¿qué quieres que te explique?

55.
El niño entra feliz a su casa y la madre sorprendida le pregunta:
- ¿Por qué regresaste tan temprano del colegio?
- Alégrate, mamá, he establecido un nuevo récord mundial.
- ¿Sí?, ¿y cuál es ese?
- Fui expulsado el primer día de clases.

56.
Después de la clase donde se les ha informado a los niños sobre el misterio del nacimiento, dos compañeros comentan:
- Así que «ese» era el misterio, ¿ah?
- Sí, le dice el otro muy serio; ya me parecía a mí que una cigüeña no podía con tanto peso.

57.
- Mamita, ¿el corazón tiene piernas? pregunta el niñito.
- No, mi amor, pero ¿por qué preguntas eso?
- Porque mi papá anoche entró a la pieza de la niñera y le decía: Abre las piernas, corazón.

58.
¿Para dónde vas, Pepito?, le preguntan al niño.
- Me voy de casa para siempre.
- ¿Y por qué?
- Porque ayer mi hermana les dijo a mis papás que había perdido la regla hacía tres meses y le dieron una tremenda paliza; imagínate lo que me van a hacer a mí que hace una semana perdí el mapamundi.

59.
El niño va por la calle gritando:
- ¡Peritas y higuitos!, y de la ventana de un séptimo piso lo llama una señora. El niño sube los siete pisos apenas y cuando llega arriba le dice:
- ¿Qué quiere, señora, peritas o higuitos?
- No, yo no quiero nada, sólo te llamé para darte una pequeña lección de gramática. No se dice, «peritas y higuitos», se dice «peritas e higuitos». Y el niño le dice:
- ¿Y para eso me hiciste subir, vieja cabrona e hija de puta?

60.
- Papá, mira esa «helicóptera».
- No, Danielito, es un «helicóptero».
- ¡Papá, qué vista tienes!

61.
Pepito está leyendo una revista y de pronto le pregunta a su madre:
- Mamá, ¿qué es el orgasmo?
- Mira, Pepito, dice la madre, me casé a los 17 años, he tenido 7 hijos, he trabajado como una bestia toda mi vida, ¿y tú crees que me ha quedado tiempo para ocuparme del orgasmo?

62.
El niño va por el parque con su padre y ve a un perrito sobre una perrita.
- ¿Qué hacen, papá?, le pregunta con curiosidad.
- Perritos, contesta el padre. A los días después entra de improviso a la pieza de los padres y los sorprende haciendo el amor.
- ¿Qué están haciendo?, pregunta.
- Niños, le dice el papá con naturalidad.
- ¿Y por qué no le dices a mamá que se dé vuelta y me hacen un perrito?

63.
Está Jaimito durmiendo con sus padres y éstos empiezan a hacer el amor. De pronto, con los movimientos el niño se cae de la cama y dice:
- No entiendo; recién están haciendo un niño nuevo y ya quieren matar al viejo.

64.
Un matrimonio tenía dos hijos gemelos; eran idénticos en todo excepto en que uno era muy conversador y el otro

totalmente mudo; a los doce años todavía no había dicho ni una sola palabra. Los padres preocupados por el problema decidieron llevarlo a Estados Unidos donde un especialista que les recomendaron. Haciendo un gran esfuerzo, el padre parte con el niño a hacerle el tratamiento, ya en Nueva York iban caminando por una de las avenidas cuando un transeúnte atropelló al niño y este indignado se da vuelta y le grita ¡huevón!; el padre, emocionado, toma el teléfono, llama a Chile y le dice a la esposa:
- Mijita, el niño dijo huevón... y la señora le contestó:
- El huevón eres tú que te llevaste al gemelo equivocado.

65.
- Papá, ¿qué quiere decir cuando una palabra empieza con la sílaba RE?
- Bueno, esa sílaba tiene la particularidad de enfatizar las cualidades de las palabras, por ejemplo si algo es bueno, tú dices re-bueno y eso significa que es muy bueno.
- Ah, qué alivio.
- ¿Y por qué dices eso, Pedrito?
- Sí, porque la profesora me dijo hoy que estaba REprobado.

66.
La niña regresa del colegio y se encuentra con una visita. Se queda mirando al señor que conversa con sus padres y dice:
- No lo entiendo.... El visitante se acerca a la niña y le dice:
- A ver, mijita, explícame qué es lo que no entiendes.
- Es que mi mamá me dijo que cuando viera al señor que nos iba a visitar, no hiciera ningún comentario acerca de su cabello ¡y Ud. es totalmente pelado! No entiendo.

67.
La hermana de Pepito se acaba de casar y deciden pasar

la noche de bodas en casa de ella; al otro día eran las doce del día y los novios no bajaban a desayunar. Los padres un tanto preocupados empezaron a hacer comentarios entre ellos:
- ¿Qué les pasará a los chicos que no bajan? Y Pepito les decía:
- ¡Yo sé por qué no bajan, lero lero, yo sé por que no bajan! Y los papás le hacían callar:
- Cállate tú niño, no te metas... y seguían conversando entre ellos... seguramente estan cansados después de la fiesta, y Pepito seguía cantando:
- Yo sé por qué no bajan, lero lero. Esto se repitió varias veces hasta que no aguantan más y le preguntan:
- A ver, Pepito, dinos de una vez por qué no bajan y el niño les contestó:
- Porque yo les cambié la vaselina por el Poxipol... lero lero.

68.
- A ver, Pepito, dice la profesora, ¿cómo se llama el pecado que cometieron nuestros primeros padres?
- A ver, a ver, no sé, señorita.
- Mira, Pepito, yo te voy a ayudar; el pecado que cometieron nuestros primeros padres fue el pecado ori... ori...
- ¡Ah...ya sé señorita!, el pecado horizontal.

69.
Suena el teléfono y contesta Pepito:
- Aló, Pepito ¿está tu papá?, y el niño en voz baja dice:
- Está ocupao.
- Entonces dame con tu mamá
- También está ocupá.
- Bueno, entonces llama a la empleada
- También está ocupá.
- ¿Y qué andan haciendo?
- Me están buscando.

70.
El profesor era tan miope que un día dijo:
- A ver el de atrás, ¿ en qué año se fundó Santiago?
- No sé, señor.
- Entonces ¿Quién fue el primer gobernador que tuvimos?
- No sé, señor.
- Y entonces, dígame ¿ Qué hace Ud. aquí en la escuela ?
- Estoy arreglando el enchufe señor. ¡Soy el electricista!

71.
- Papá, mira el premio que me gané en el colegio por contestar una pregunta.
- ¿Y qué pregunta era esa?
- ¿Cuántas piernas tiene el pingüino? Y yo contesté tres y me gané el premio.
- ¡Qué barbaridad Jaimito, si los pingüinos tienen dos piernas solamente!
- Sí, pero todos mis compañeros contestaron que tenían cuatro.

72.
En un barrio humilde había dos autos fabulosos y tres niños charlaban amistosamente cerca de ahí. El primero decía:
- Yo quisiera tener el cuerpo de oro, para rascarme y con lo quede entre mis uñas, comprarme ese auto negro.
- Yo, decía el otro, quisiera tenerlo de plata para rascarme y con lo que me quede entre las uñas, comprarme ese auto blanco.
- En cambio yo, dice el tercero quisiera tenerlo lleno de pelos.
- ¿Y por qué?, le preguntan los amigos.
- Porque mi hermana tiene así un manojito y con eso se ha comprado estos dos autos.

73.
A casa de Jaimito llega una de sus tías de visita. Mientras están conversando, va el niño y le dice:
- Oye, tía, tú sí que eres tonta. Entonces su madre le regaña,
- ¡pero cómo le dices eso a tu tía! ¡Dile ahora mismo que lo sientes!
- Está bien… , tía, siento mucho que seas tan tonta.

74.
La madre le dice a Juanito:
- A ver si te portas bien, porque cada vez que haces una travesura me sale una cana.
- Entonces tú cuando chica tienes que haber sido tremenda, porque fíjate como está la abuela…

75.
En una escuela en la Edad de Piedra están haciendo un dictado:
- Y entonces los del clan del valle de al lado nos atacaron… Los alumnos están tallando la piedra a toda velocidad …pero nuestros valerosos guerreros…
- Profesor, profesor, ¿«valerosos» se escribe con dos huevos o con tres?

76.
Juanito, ¿tú rezas antes de comer?
- No, profesor, no hace falta, mi madre es una buena cocinera.

77.
El profesor pregunta:
- ¿Cuál es el índice de mortalidad en China, Pedrito?
- Humm… una muerte por persona, señor.

78.

Una niñita de 5 años le pregunta a su madre:
- Mami, ¿las niñitas de 5 años podemos quedar embarazadas?
- No, hija, eso es imposible.
- ¡BIEEEEEEEN!!!!!!

79.

Padre, madre e hijo van un día al zoológico. Al cabo de un rato llegan a la jaula de los elefantes, y mientras el padre se va a comprar unos refrescos, el niño le muestra el aparato del elefante y le dice a la madre:
- Mama, ¿qué es eso grande y largo?
- Eso... eso es la trompa, hijo.
- No, al otro lado del elefante.
- Eso... eso es la cola, hijo.
- No, no, debajo del elefante.
- Eso... eso no es nada. Y la madre se aleja discretamente. El niño no ha satisfecho su curiosidad, así que en cuanto aparece el padre vuelve a preguntar:
- Papá, papá, ¿qué es eso?
- Eso... eso es la trompa, hijo.
- No, al otro lado del elefante.
- Eso... eso es la cola, hijo.
- No, no, debajo del elefante.
- Eso... bueno... verás... eso es el pene del elefante.
- Ah... ¿y por qué mamá dice que no es nada? El padre contesta, murmurando entre dientes:
- Lo que pasa es que tengo muy mal acostumbrada a tu madre.

80.

En la escuela, la profesora ordenó a sus alumnos escribir una oración para la clase de castellano que contuviera la palabra supongo. Al siguiente día hubo tres niños que llevaron la tarea. Pedrito, que es de clase alta, dijo:
- «Esta mañana vine al colegio en el Mercedes, supongo que el Rolls Royce está en el taller.»
Juanito, de clase media, dijo:
- «Esta mañana desayunamos huevos con jamón, supongo que el tocino se acabó.»
Pepito, que es de clase baja dijo:
- «Esta mañana vi pasar a mi abuela al baño con el periódico debajo del brazo, supongo que iba a cagar porque la vieja no sabe leer.»

81.

Pepito estaba jugando con su tren nuevo:
Atencióoooonnn, señores pasajeros, preeeepararse para salir hacia la estación número siete. Chuuuuuchuuuuuu, chiquichiquichiqui, chuchuuuuu. Señores pasajeros, llegando a la estación número siete. ¡Hey, maricón, muévete de la puerta, saco de hue..., no ves que me estás tapando la salida, pedazo de mierda! la mamá sale de la cocina asustadísima por el vocabulario del niño:
- Pepito, ¿qué es esa clase de lenguaje? ¿Cuándo has oído tú hablar a tu padre o a mí de esa manera? Te irás a tu pieza castigado por dos horas, hasta que aprendas a hablar como la gente. Pasan dos horas, y sale Pepito de su cuarto:
- Mamita, ¿ ya puedo seguir jugando con mi trencito ?
- Está bien,hijo, ¡pero con buenos modales y otro vocabulario!
- A ver, señores pasajerooos, prepararse, por favor, sean ustedes tan amables, para partir hacia la estación número ocho. chuuu-chuuu, chiqui-chiqui-chiqui,chuuu-chuuu. Señores pasajeros ,les recordamos con todo respeto que las

personas que se dirijan al norte de la ciudad, deben desalojar el tren por la puerta derecha, y los que vayan en dirección al sur, por la izquierda. ¡Ah! y para los pasajeros que estén enojados por las dos horas de retraso... ¡pueden ir a quejarse con la vieja cu... que está en la cocina!

82.
- Mamá, mamá, cuando terminas de hacer el amor con papá, ¿le das las gracias?
- Pues... no, hijita.
- Entonces, ¿qué es educación sexual?

83.
Un niño va donde su padre y le dice:
- Papi, ¿puedo ir a la fiesta de cumpleaños del niño rico que se mudó en la esquina? El padre le dice que sí, pero que esté en casa antes de las 7 de la tarde... Pasan las 7, las 8, las 9, ya toda la familia está preocupada... A eso de las 11, el niño llega a la casa con el ojo morado y la cara desbaratada. El padre preocupado le pregunta:
- Hijo, ¿qué te pasó?
- Nada, papi... es que rompieron la piñata y me cayó un televisor y un nintendo en la cabeza...

84.
Llega a una farmacia una pequeñita que apenas podía hablar...
- Señor, me podlía dar unos anticonceptivos, pol favol...
- Sí, como no; (con un tono de duda) le contesta el farmacéutico...
- Dime, hijita... son para tu hermanita mayor ¿verdad?
- No; son pala mí... Es que ya no quielo tener más muñecas...

85.
En clases:
- A ver, Juanito, deme un ejemplo de alguien que sea muy valiente.
- Mi papá, señorita...
- ¿Por qué?
- Porque es bombero, y en cuanto suena la sirena sale a salvar a las personas.
- Muy bien. ¿Y un ejemplo de cobarde?
- Mi tío, señorita...
- ¿Por qué?
- Porque cuando mi papá sale a apagar incendios, él se mete en la cama con mi mamá, y los dos se ponen a temblar...

86.
Una niña de 10 años dice a su madre:
- Mamá, ya no soy virgen
- ¿Cómo? ,le dice y le pega un tremendo cachetazo. La niña llorando le contesta:
- No, mamá, ahora soy pastorcita...

87.
Llega el primer día el profesor de física, y dice...
- A ver, si sale un avión de Santiago a las 14:27 horas con destino a... con una velocidad en el momento de despegar de 221 kilómetros por hora. El viento es de 14 nudos dirección S. E. Mi prima se llama Elena. ¿Cuántos años tengo yo? Toda la clase empieza a murmurar y están así durante un buen rato sin saber qué responder hasta que uno levanta la mano.
- ¿A ver tú lo sabes ya?, le pregunta el profesor
- Sí, 44.
- ¡Qué bien! ¿Cómo lo has sabido?
- Bueno, es que tengo un primo que es medio huevón y tiene 22.

88.
Un niño le dice a su mamá:
- ¡Mami!, ¿por qué en la escuela me dicen monstruo?
y la mamá le responde:
- Hijo, no les hagas caso y péinate los dientes para irte a la escuela.

89.
Llega el niño con su mamá y le pregunta:
- Oye, mamá ¿por qué mi papá tiene tan poco cabello?
- Ahh, le dice su mamá, es que tu papá es muy inteligente... el niño pregunta nuevamente :
- Oye, mamá y ¿por qué tú tienes tantos cabellos? y le contesta la mamá:
- Ay, hijito, por qué no vas a jugar mejor.

90.
Viene el hijo y le dice a la madre:
- Mamá, mamá: ¿los limones cantan?
- No, hijo no puede ser.
- Sí mamá ¡cantan!
- No, hijo no puede ser.
- ¿Estás segura que no cantan?
- Sí, los limones no cantan, hijo..
- Ah, entonces exprimí al canario.

91.
- Mamá, mamá, mi hermanito tiene el pitito como un manicito.
- ¿Cómo? ¿chiquito?.....
- No saladito.

92.
La niña llega donde su padre que es millonario y le dice:
- Papá, he perdido la honra.
- No te preocupes hijita, ahí tienes dinero, cómprate otra.

LOLOS

Por qué será que cuando los niños llegan a la edad del pavo entran en una tontera colectiva peor que el cartero que el día que le dan feriado sale a caminar.

93.
La lola le dice al pololo:
- Estoy súper preocupada porque hace cuatro meses que no me enfermo.
- No te preocupís, loca, por eso que me gustai, porque soi súper sana.

94.
El lolo le dice a la lola:
- Por fin me conseguí la casa en la playa para que hagamos todas las cosas que siempre hemos querido hacer, abrazarnos, besarnos, hacer el amor rico... tú lo único que tienes que hacer, es llevarte algo para evitar el embarazo. Y la huevona llevó a la mamá.

95.
La lola le dice al lolo:
- Mi amor estamos solos, aprovéchate. Y el huevón se robó un cenicero.

96.
El lolo va en el bus al sur y de repente pasa la azafata y le dice:
- ¿Una bebida?
- Sabís que sí, sabís que bueno, sabís que ya... al rato:
- ¿Una pajita?
- Sabís que no, vengo muy cansao.

97.
La lola está pidiendo aventón y se detiene un convertible

último modelo. El tipo se la empieza a engrupir y de pronto le viene el cargo de conciencia y le dice:
- Mi amor, tengo que contarte algo...
- ¿Qué?, le dice la niña, preocupada.
- Soy casado...
- Ay me asustaste, pensé que el convertible no era tuyo.

98.
Dos lolos se encuentran en el paradero del bus y él le dice a ella:
- Hola loca, ¿cómo te llamai?
- Macarena, ¿y tú?
- Mauricio, ¿estai esperando el omnibús?
- Sí, ¿y tú?
- Yo, también, Oye, loquita, ya que tenemos tanto en común, ¿por qué no nos vamos a acostar?
- Por fin, loquito, creí que no te ibai a decidir nunca.

99.
El lolo va a dejar a la polola como a eso de las tres de la mañana, cuando llegan a la puerta de la casa se empiezan a despedir:
- Adios mi amorcito, muac, chao mi chanchita, muac, hasta mañana mi perrito, muac... De repente sale el suegro y le dice al lolo:
- Mira, cabrito, a mí no me molesta que vengai a dejar a mi hija a las tres de la mañana y que te quedís una hora despidiéndote, pero por favor no la apoyís contra el timbre.

100.
El lolo le dice a su padre: Papá, ¿el amor es lo mismo que el sexo?
- No exactamente, hijo. El sexo embaraza y el amor enaltece.
- Menos mal, entonces mi novia está enaltecida.

101.
La lola le dice al pretendiente:
- Las manos quietas, Colón, por hoy ya descubriste bastante.

102.
Dos lolos enfermos de volados conversaban y uno le decía al otro:
- ¡Qué linda está la luna, loco!
- No, loquito, si no es la luna, es el sol.
Como no pueden ponerse de acuerdo llaman a otro lolo que va pasando, más volado que ellos y le preguntan:
- Oye, loco ¿Qué es eso que hay arriba, la luna o el sol?
- No sabría decirles, loquitos, porque no soy de estos lados.

103.
La directora del colegio está dando una charla a las lolas respecto a los buenos hábitos que deben tener y les dice:
- Ya saben que no deben fumar en las calles, no deben usar minifaldas ni escotes muy pronunciados, pero, lo más importante, es que cuando un hombre les haga una proposición deshonesta deben rechazarlo de inmediato. Recuerden que una hora de placer puede acarrear toda una vida de infelicidad. Ahora si quieren hacer alguna pregunta....
- Si, señora, dice una lola, ¿usted nos podría explicar cómo se hace para que el placer dure una hora?

104.
El lolo llama por teléfono:
- Aló ¿Está Teresa?
- Sí, pero no lo va a poder atender porque está en cama con 40.
- Ah, qué buena onda. Oiga ¿Me haría el favor de preguntarle si cabe uno más?

105.
Un lolo le dice a su polola:
- Rosita, ¿por qué no vamos a mi departamento a escuchar música?
- ¿Pero me prometes que solo será a escuchar música?
- Te lo prometo.
- ¿Y si no me gusta tu música?
- Bueno, en ese caso, te vestís y te vai pa' tu casa, loquita.

106.
Un lolo acaba de fumarse su primer pito y el amigo le dice:
- ¿Qué sientes, compadre?
- Nada.
- ¡Anda!, ¡Di qué sientes!
- Nada, compadre, te digo que no siento nada.
- Pero, ¿ Estás seguro que no sientes nada ?
- Sí, compadre, no siento nada: ni la cabeza, ni las piernas ni los brazos, nada...

107.
Un muchacho va a la farmacia y le pide al farmacéutico:
- Señor, deme un condón. Mi polola me ha invitado a comer esta noche a su casa, y como ya venimos saliendo hace un año, me dijo que hoy día me iba a dar lo que tanto he esperado. El farmacéutico le dice:
- No tienes para qué contármelo... y le vende el condón y cuando se está yendo, regresa y le dice:
- Señor, mejor deme otro condón, porque la hermana está harto buena, y me manda unas cruzadas de piernas que parece que también quiere algo, y como voy a ir a comer a su casa... El farmacéutico le da el segundo condón, y cuando se está yendo, el muchacho vuelve y le dice:
- Mire, señor, mejor deme un condón más, porque la mamá está recontra buena , y me calzonea bastante... pa' mí que algo quiere, y como me va a invitar a comer.

comer. Llega la hora de la comida, y entra el papá de la chica dice:
- Antes de comer, vamos a rezar. El muchacho baja la cabeza, junta las manos y empieza a rezar...cinco... diez.....quince minutos. Se le acerca la polola y le dice:
- Mi amor, no sabía que fueras tan religioso. Y éste le responde con la cabeza agachada :
- Y yo no tenía idea que tu papá era farmacéutico.

108.
Hola, me llamo Pato, ¿Te querís acostar conmigo?
- Bueno, ¿En tu casa o en la mía?
- Oye, mira, si empezai a poner problemas mejor lo dejamos.

109.
Un lolo a otro:
- ¿Qué te pasó con tu examen en el club de fútbol?
- No me aceptaron como jugador porque soy miope, pero me mandaron a la escuela de árbitros.

PAREJAS, NOVIOS Y MATRIMONIOS

Estas son de las tradicionales.... cuando todavía las parejas eran entre hombres y mujeres...

110.
El tipo estaba bailando con la niña y ella le dice:
- ¿Sabe?, estoy muy incómoda bailando con usted..
- Y ¿por qué? Le dice el joven.
- Porque Ud. está alterado de todas sus partes.
- Creo que Ud. está confundida, señorita; lo que pasa es que acabo de recibir mi sueldo y puse los billetes en el bolsillo desordenadamente, por eso es que siente un bulto; si Ud. Me disculpa voy al baño y ordeno los billetes.
- Muy bien, hágalo Ud, le dice la niña.
- Al rato vuelve y la encuentra bailando con otro; espera que termine de bailar y se acerca diciéndole:
- Ya, señorita, arreglé mis billetes, y ella le dice:
- Tengo algo que decirle, señor, ese joven que estaba bailando conmigo, gana mucho más que Ud.

111.
La pareja está bailando y a la niña se le descompone el estómago, de repente él le dice al oído:
- Huele a azucena.
- Ay, qué romántico, ¿dice que huele a una flor?
- No, huele a su cena de anoche.

112.
Un joven muy puritano acaba de casarse y la noche de la boda se mete al baño para arreglarse y al salir ve a su esposa tendida en la cama, con las piernas abiertas.
- Querida, le dice en tono de reproche, esperaba encontrarte de rodillas al pie de la cama. A lo que la mujer

contestó sonriendo:
- Bueno, si tú quieres, yo te doy en el gusto, pero te advierto que en esa posición siempre me da hipo.

113.
El novio antes de casarse va al médico a pedir un certificado de buena salud. El facultativo lo examina y escribe en el certificado las iniciales, s.s.p.m. El futuro marido va feliz a mostrarle los resultados a la flamante novia.
- mira, le dice, estas iniciales quieren decir: sano, sano, para marido, y se casaron. Al poco tiempo ella llega indignada a hablar con el médico:
- Doctor, ¿cómo le pudo dar este certificado a un hombre que no sirve para nada?
- Discúlpeme, señora, pero creo que le tradujeron mal las iniciales s.s.p.m. , esto significa: sólo sirve para mear.

114.
La pareja está en el cine y él le dice a ella:
- Mi amor ¿hay alguien a tu lado?
- No, mi amor.
- ¿Hay alguien a mi lado? Tampoco.
- ¿Hay alguien atrás tuyo?
- No, mi amor.
- Puff, entonces fuiste tú ¿ah?

115.
¿Me pediste la prueba de amor? Está bien, tendremos un hijo.
- Oye, te pedí la prueba de amor, no la de la fertilidad.

116.
La pareja conversaba y el tipo le decía a la niña:
- Mi amor ¿he sido yo el primer hombre?
- No seas idiota, el primer hombre fue Adán.

117.
La recién casada le pregunta a su marido:
- Mi amor, ¿dónde pusiste ese libro tan interesante llamado cómo conservar la salud y vivir hasta los cien años?
- Guardado bajo siete llaves, imagínate si lo agarra tu madre.

118.
El joven escribió:
- Querida Roberta, anoche te pedí algo, y como estoy mal de la memoria no me acuerdo si me contestaste sí o no. Y la muchacha respondió:
- Querido Juan, recuerdo que anoche le dije sí a alguien, pero no puedo recordar a quién.

119.
El amigo le estaba presentando a la novia, pero era tan fea que le pidió que cuando tuvieran familia, le guardaran un cachorrito.

120.
Una conversación en una pieza de hotel:
- Si tú fueras un caballero no me pedirías eso.
- Y si tú fueras una dama, no me cobrarías.

121.
El novio llega indignado donde la novia y le dice:
- Sinvergüenza, ¿acaso no me dijiste que nunca habías hecho el amor?
- Y eso es cierto, yo nunca le hice el amor a nadie, siempre me lo hicieron a mí.

122.
Se casó un terrateniente con una niña de la ciudad y un día tuvo que salir y le encargó que atendiera a un fecundador artificial que vendría ese día a fecundar las

vacas. Para que reconozca cuáles son las vacas que hay que fecundar, le dijo, pondré un clavo sobre sus pesebreras. Cuando llegó el fecundador, la niña lo llevó hasta las pesebreras y le dijo:
- Donde vea Ud. un clavo, esas son las vacas que debe fecundar.
- ¿Y el clavo para que será? preguntó el fecundador.
- La verdad es que yo no entiendo mucho, contestó la niña, pero imagino que debe ser para que Ud. cuelgue sus pantalones.

123.
Una pareja se casó por correspondencia y la primera noche, después que él se lavara las manos para meterse a la cama, ella le dijo:
- Mi amor, tú nunca me lo dijiste en tus cartas, pero estoy segura que eres médico.
- ¿Y cómo lo supiste?
- Por la manera en que te has lavado las manos. El marido quedó muy sorprendido. A la mañana siguiente ella le dijo:
- Fíjate que ahora podría adivinar hasta tu especialidad.
- ¿Sí? ¿Y cuál crees tú que es?
- Anestesista.
- ¿Y cómo lo supiste?
- Porque anoche no sentí nada de nada.

124.
El recién casado le dice a la novia:
- ¡Te voy a hacer lo que nunca te han hecho! Y ella grita:
- ¡por las orejas, no! ¡por las orejas, no!

125.
Durante la noche de bodas, la mujer le dice al esposo:
- Debo confesarte, Juan, que mi dentadura es postiza... y lo que llevo dentro del sostén es relleno y que mi pierna

derecha es de madera y que éste ojo no es mío, es de vidrio y que...
- Pero mujer. ¿acaso no tienes nada natural?
- Sí, un hijo, pero no me atrevía a decírtelo.

126.
La lola llega a su casa con el vestido roto, el taco del zapato en la mano y toda despeinada y le dice a la madre:
- ¡ Ay, mamá ! ¡Alberto es un bruto! ¡no salgo nunca más con él!...
- Pero, ¡¿qué te pasó?!... ¡¿qué te hizo?!, pregunta la mamá desesperada.
- Salimos a dar un paseo en su auto y de repente se quedó sin bencina y entonces cometió la peor infamia que te puedas imaginar.
- Pero, ¿qué fue lo que se atrevió a hacer ese canalla?
- No me vas a creer ¡pero me obligó a empujar el auto hasta la gasolinera!

127.
El marqués pasa su noche de bodas y luego de hacer el amor a su virginal marquesa le pregunta, preocupado:
- ¿Os asusté, marquesa?
- Ay, marqués, asústeme otra vez... Él, dichoso, se juega la segunda vuelta y luego ella dice: ay, marqués, asústeme de nuevo. Entonces, el marqués tocado en su orgullo y recurriendo a toda su experiencia, la asusta por tercera vez. Incansable ella vuelve a decir:
- Ay, marqués, asústeme de nuevo... Y el marqués poniendo su peor cara le dice:
- ¡Buuuuuu!

128.
Cacho le dice a su pareja:
- ¡El médico me acaba de decir que me quedan 8 horas

de vida! Ambos lloraron juntos y ella, ya repuesta del impacto, le dice:
- Cacho, voy a hacer de esta la noche más bella de tu vida. Y cumplió. Con gran cariño preparó la mejor cena, con caviar, ciervo, champán francés. Y le sirvió la cena en ropa interior, transparente. Después, hicieron el amor una, dos, tres veces. Pero, insistió: ¡una vez más! Y ella, aún estando muerta de cansada, se compadeció y le hizo el amor de nuevo. Pero, insistió, una vez más... Y ella, replicó:
- ¡Claro, como tú no tenís que levantarte mañana!

129.
El novio le dice a su futuro suegro:
- Señor, le vengo a pedir la mano de su hija.
- ¿Cuál de las dos, la grande o la chica?
- ¿Cómo? ¿me va a decir que tiene las manos disparejas?

130.
Noche de bodas en el hotel, y el marido le pide a la mujer que le deje los zapatos afuera para que los lustre el botones...
- Pero, mi amor, estoy desnuda, por qué no los dejas tú...
- Es que yo ya me acosté...qué te cuesta si abres la puerta los dejas y cierras, ¿quién te va a ver?. La mujer para no discutir la primera noche, sale desnuda con los zapatos en la mano, pero cuando abre la puerta justo se encuentra con el botones parado afuera; ella en una reacción casi automática se cubre su parte íntima con los zapatos y el botones se queda mirando con la boca abierta. Después de unos segundos ella no aguanta más y le pregunta:
- ¿Nunca había visto a una mujer desnuda?, a lo que el botones le responde:
- No, sí minas desnudas he visto muchas, pero un huevón metido tan adentro, jamás.

131.

Un tipo estaba en su despedida de solteros, bailando arriba de una mesa, cuando de repente cedió la mesa y se golpeó en lo peor que se puede golpear un novio. Lo llevaron al hospital y el médico le dijo:
- Aquí hay tres quebraduras... hay que entablillar...
- Pero, cómo le va a entablillar si se casa mañana...
- Es la única solución, entablillar. Se lo entablilló y le quedó re-bonito. El día de la boda la novia salió del baño, se levantó el vestido y le dijo:
- Mira, virgen, virgen. Él se bajó los pantalones y le dijo:
- Mira, sin desembalar...

132.
- Vengo a pedirle la mano de su hija, le dice el yerno.
- ¿Te quieres casar con ella?
- No, solo quiero que me masturbe.

133.

A su regreso de la luna de miel, una pareja reconoce haberse equivocado en su matrimonio y de común acuerdo deciden separarse. Pero unas semanas después el marido recibe la siguiente carta:
"Querido Juan, las palabras no sirven para expresar cuánto me duele haber roto nuestro matrimonio ¡te ruego, vuelve a mí! Tu ausencia dejó un vacío que nadie ni nada podrán llenar jamás. Perdóname y volvamos a comenzar. ¡no puedo vivir sin ti! ¡te amo! ¡te amo! Siempre tuya, Margarita. P.D.: te felicito por haberte sacado el gordo de la lotería".

134.

La novia era tan fea, que en la recepción, todos los invitados preferían besar al novio.

135.
La recién casada le dice al marido en plena luna de miel:
- Pero, Juan, me juraste que me amarías toda la vida y apenas llevamos tres días y ya no das más.

136.
Había una fiesta y afuera un grupo que quería entrar gritaba:
- ¡Que viva la novia! ¡que viva el novio! De repente salió el dueño de casa y preguntó:
- ¿Quiénes estaban gritando, que viva la novia?
- Nosotros, gritaron los de la derecha.
- ¿Y quién gritaba que viva el novio?
- Nosotros, dijeron los de la izquierda.
- Muy bien, dijo el dueño de casa, se pueden ir todos a la cresta porque este es un bautizo.

137.
El vulcanizador de neumáticos le dice a su novia:
- Cuando nos casemos antes de llevarte al lecho nupcial te sumergiré en la tina del baño.
- ¿Y para qué?
- Si te salen burbujas, anulamos todo.

138.
El padre del novio le dice al futuro consuegro:
- Señor, vengo a pedirle el culo de su hija para mi hijo.
- La mano querrá decir, pues, hombre.
- No... mi hijo no es pajero.

139.
Los novios están conversando y él dice:
- Estoy de acuerdo con las relaciones prematrimoniales.
- Qué bueno, le dice ella, porque a mí me encantaría acostarme con varios hombres más antes de casarme contigo.

140.
- Hola, buenas tardes, venía a pedir la mano de su hija.
- ¿Ha visto ya a mi mujer?
- Sí, pero prefiero a su hija.

141.
El novio a su prometida:
- Me parece que a tu madre no le soy simpático.
- ¿Por qué?
- Porque me ha dicho que soy medio tonto.
- No te preocupes, eso es sólo porque te conoce a medias.

142.
En el casamiento los novios reciben cien dólares de regalo y la novia los guarda en un guante. Al llegar al hotel comprueba que los dejó olvidados y llama a su madre por teléfono:
- Mamá, mamá, estoy desesperada porque se me quedaron los guantes...
- Pero niña no te preocupes, ahora que estás casada puedes agarrarlo con la mano.

143.
Un tipo se casa y después de la noche de bodas se reúne con tres de sus amigos, un electricista, un carpintero y un dentista. Los tres amigos le preguntan muertos de la risa qué tal le fue la noche de bodas.
- La verdad es que esta vez se pasaron... (Mirando al electricista) Mira, lo de cortar los cables en la manta eléctrica, tuvo su gracia, pero al rato la quitamos de encima, total no nos hacía falta... (mirando al carpintero) Lo de la cama rompiéndose también tuvo su gracia, pero... (mirando al dentista) ¡hace falta ser un hijo de p... para poner anestesia en los condones!

144.
¿En qué se parece una novia a punto de casarse y un acusado a la espera de que dicten sentencia?
- En que los dos saben que va a ser largo y duro, pero no saben exactamente por cuánto tiempo.

145.
En la puerta de un motel se encuentran dos matrimonios de amigos pero con las parejas cambiadas
- Qué te pasa infeliz con mi señora... te voy a matar...
- Y vos con qué moral... cuando estaban a punto de trenzarse a golpes uno le dice al otro:
- Hagamos la cosa lo más racional posible agarra a tu señora de la mano y te la llevas para tu casa, yo agarro a la mía y me la llevo para mi casa. Eso me parece lo más civilizado y lo más justo.
- Eso es injusto, le responde el otro.
- ¿Y por qué?
- Porque tú te vas yendo y yo vengo llegando.

146.
Dos amigas conversan y una le pregunta a otra:
- Oye, ¿cómo te llevas con tu marido en materia sexual?
- La verdad que bien y mal.
- ¿Cómo es eso? O te llevas bien o te llevas mal, pero no las dos cosas.
- Mira, te explico: lo que pasa es que mi marido no puede hacer el amor sin que antes yo le practique sexo oral.
- Pero eso es lo mas normal... fíjate que Mónica Lewinsky se hizo famosa por eso...
- Está bien pero ¿todas las noches?... me llegan a doler las mandíbulas... además que el tiene su buena herramienta...
- Oye, niña, ¿y tú no has probado con la rana?
- ¿Cómo es eso?
- Fácil, tú le pones una rana ahí y ellas lo hacen súper

bien. Yo tenía el mismo problema y lo solucione así. Qué le habían dicho a la mujer... se fue a la mejor ranería que encontró y se compró una rana preciosa, de ojos azules, gordita y la llevó a su casa. En la noche llegó el marido y lo primero que le dijo al acostarse:
- Ya vieja, estoy esperando... y ella metió la rana bajo la sábana y se la puso ahí. Y el marido:
- Oh, qué rico... mmmm.....qué maravilla....más...más. Y la mujer se durmió feliz con el resultado. Al rato sintió un ruido en la cocina y fue a ver. Estaba el marido con la rana encima de la mesa, picando cebolla y perejil y la mujer exclama:
- Pedro, ¿qué haces?
- Mira, la rana aprende a cocinar y te vai cagando de la casa.

147.
¿Se saben la diferencia entre humorada y mariconada?
- Humorada es cuando uno se tira a la mujer de un amigo y mariconada es cuando el amigo se tira a la mujer de uno.

148.
En un motel se escucha a una mujer que golpea la puerta de una cabaña y grita:
- Lucho, ya que estas ahí, ábreme la puerta..., silencio absoluto...
- Ábreme te digo... ya sé que andas con esa rota de falda de tevinil... ábreme... no se oye ni una mosca...
- Lucho, ábreme te digo o si no voy a venir con los pacos... y de otra cabaña se escucha:
- Ya pos, Lucho, ríndete o si no vamos a cagar todos...

149.
En un restaurant se escucha el siguiente diálogo:
- María ,no tomes más, acuérdate de tus piernas

- Se le acerca un señor y le pregunta: perdón, ¿se le hinchan?
- No, se le abren.

150.
La situación está tan mala que si mi señora se va con otro huevón, yo me voy con ellos.

151.
Llega el marido a casa a las 4:00 de la mañana, y empieza la mujer...
- Pero, Manolo, estas que horas son de llegar so @#$&^*!!!!
- Pues mira, María, es que...¡¡María!! ¿¿¿Qué hace ese tipo en la cama???
- No me cambies de tema, te he preguntado que ¡¡¡qué horas son de llegar!!!

152.
Estos son dos tipos y uno le comenta al otro:
- Pues me insinuaron que mi mujer me engañaba y un día la seguí.
- ¿Y qué pasó?
- Bueno, vi que salía de noche y que un hombre la esperaba en un coche en la puerta, la llevó a su casa, y entraron; después pude ver por la ventana que mi mujer se desnudaba y se metía en la cama, y que el hombre hacía lo mismo...
- ¡¡Sí!!, ¿y qué ocurrió?
- Nada, bajaron la persiana y me quedé con la duda.

153.
Son dos viejos amigos que están bebiendo en un bar. Ya llevan alguna copa de más y están «un poco» contentos.
- Pues, mira, somos tan buenos amigos que ni siquiera me importaría compartir contigo mi mujer.
- Eso habría que verlo.

- Que si quieres verlo, vámonos a mi casa y nos acostamos los tres.
- Oye, pero... ¿y a tu mujer no le importará?
- No, hombre, no, pero si tú eres mi amigo, qué le va a importar... total, se van a la casa.
- ¡¡Mari!! ¡¡Mari!! Pero no se oye nada...María, ven aquí, mira quién ha venido... pero la Mari no contesta...
- Oye, parece que mi mujer no está en casa. ¿Qué te parece si vamos a tu casa y nos acostamos con la tuya?

154.

La esposa le dice al marido:
- Estoy harta de tus celos. ¿Es que acaso te crees que no me he dado cuenta de que últimamente me sigue un detective alto, rubio, con ojos verdes, muy agradable y un poco tímido al principio?

155.

- Perdone, señora, esto es para una encuesta, ¿su marido se fuma un cigarrillo entre polvo y polvo?
- ¿Entre polvo y polvo? ¡¡¡Cartones enteros se fuma, cartones!!!

156.

Están dos amigos jugando al golf. Uno de ellos se prepara para pegar a la bola con un hierro siete. El tipo mira a la bola y al green, a la bola y al green, ajusta un poco las piernas, a la bola y al green... Cuando ya está a punto de golpear, una comitiva fúnebre pasa por una carretera cercana. Al verlo, el golfista muy respetuoso se deja de preparar, se pone tieso, se quita la gorra y mira hacia abajo. Cuando ha pasado la comitiva, el tipo se vuelve a poner la gorra y se prepara de nuevo para golpear. Su amigo, alucinado, le dice:
- Hombre, tú, me has dejado impresionado. Ya no se ve gente así. Hay que ver, qué deferencia, qué respeto por

los difuntos, qué clase tienes.
- Es lo menos que podía hacer después de 30 años de matrimonio.

157.

Padre e hija están viajando a través del desierto en su Mercedes Benz cuando unos bandidos les asaltan y les roban hasta la ropa. Cuando se van, la hija le dice al padre:
- ¿Has podido salvar algo?
- Pero, ¿cómo voy a salvar algo si nos han dejado en pelotas?
- Entonces la hija se saca un anillo de diamantes de la cosa, y dice:
- Mira, mamá me enseñó este truco.
- Es una pena que tu madre no estuviese aquí... Podríamos haber salvado el Mercedes Benz.

158.

Un joven matrimonio se va de luna de miel, pero los dos parecen un poco preocupados. El marido está pensando :
- ¿Y ahora qué hago? Mientras eramos novios me las arreglé para que ella no descubriera lo del olor de mis pies, pero ahora que vamos a vivir juntos, tarde o temprano descubrirá que mis pies apestan más que un cerdo muerto. La esposa está pensando:
- ¿Y yo qué voy a hacer? Mientras éramos novios me las arreglé para que el no descubriera lo del olor de mi aliento, pero ahora que vamos a vivir juntos, tarde o temprano descubrirá que mi aliento puede derribar la casa. Así que cuando se acuestan, se meten entre las sábanas y é le dice:
- Mira, cariño, tengo que confesarte algo.
- Yo también tengo algo que decirte, mi cielo.
- Deja que lo adivine, te has comido mis calcetines...

159.
¡María, tu marido se va a lanzar por la ventana!
- ¡Dile al imbécil que sólo le puse los cuernos, no alas!

160.
Eran las dos de la mañana y Juan no podía dormir, así es que estaba leyendo un libro en la sala de su casa. Repentinamente lo sacó de la lectura un estridente grito de su esposa, a quien había dejado en su habitación, dormida. Subió a trancos la escalera y encontró a su mujer en la revuelta cama, presa de gran agitación.
- ¿Qué te sucede, cariño?, le preguntó, ¿por qué gritaste así?
- ¡Un hombre entró por la ventana y me hizo el amor dos veces!, respondió ella, aún agitada.
- ¡Dos veces!, exclamó, sorprendido y dolido ¡¡ ¿Y por qué recién ahora te pones a gritar, después de hacer el amor con un extraño dos veces? !!
- Lo que pasa es que al principio creí que eras tú. Pero cuando lo hizo por segunda vez, ahí me di cuenta de que no eras...

161.
La mujer mandó al marido a comprar caracoles. Como era tan macabeo, fue de inmediato, pero cuando iba pasando frente al bar, se encontró con los amigos que le invitaron a tomar un trago. Se entusiasmó con la conversación y de repente miró la hora: eran las ocho de la mañana...Qué hago, mi mujer me va a matar...cuando iba llegando a su casa tiró los caracoles al suelo y empezó a decirles:
- Por aquí, muchachos, ánimo, dos metros más y llegamos...

162.
El tipo está hace horas paseándose en la sala de espera de la maternidad. De pronto aparece la enfermera y le pregunta:
- ¿Nada aún, señorita?
- No señor, nada aún.
- Ahora estoy seguro que será mujer.
- ¿Y por qué piensa eso?
- Por lo que demora en salir.

163.
La empleada está llorando y la señora le dice:
- ¿Qué te pasa, María?
- Me voy a morir, señora,
- ¿Y cómo lo sabes niña por Dios?
- Es que su marido me acaba de decir que de esta noche no paso.

164.
Una mujer cincuentona llega a su casa contenta y le dice al marido:
- Cariño, el doctor me dijo que de hoy en adelante podemos hacer el amor con menos pausas.
- No, vieja, lo que te dijo es que de hoy en adelante lo harás con la menopausia.

165.
La señora le habla al marido mientras este lee:
- Cómo quisiera ser un libro y que me tuvieras siempre en tus manos.
- Y cómo quisiera yo que fueras el almanaque y así cambiarte cada año.

166.
Un tipo llevó a una niña que estaba en la carretera y empezaron a conversar, poco a poco se fueron haciendo

amigos y al final ella lo invitó a su departamento, Bailaron, hicieron todo lo que pudieron hasta que él vio la hora y se dio cuenta que era de amanecida así que le dijo a la niña:
- ¿Tienes tiza azul?
- Sí, pero, ¿para qué la quieres?
- Préstamela por favor, y se empezó a echar tiza azul en las manos, luego llego a su casa y la mujer le dijo:
- ¿De dónde vienes?
- Vengo del departamento de una niña que recogí en el camino y estuvimos bailando, tomando unos tragos y pasó de todo.
- Tú crees que yo soy tonta, mírate las manos llenas de tiza, segura que andabas jugando billar con tus amigos

167.
El marido era flaquito y la mujer estaba acostumbrada a darle unas palizas increíbles. Cierto día, el hombre decidió tomar clases de karate y practicó bastante, hasta que un día llegó a su casa, abrió la puerta y de un salto dijo:
- ¡Yaaaa! La mujer lo quedó mirando y le dijo:
- ¡¡¡¿Ya, qué?!!!
- No, vieja, que ya estoy en casa.

168.
Mi amor, le dice la esposa, mañana estamos de aniversario de matrimonio, ¿por qué no matamos un pollo?

- ¿Y qué culpa tiene el pollo? Por qué no matamos a tu hermano que fue el que nos presentó.

169.
Con la intención de recibir palabras de amor, el marido consulta a su esposa:
- Mi vida, ¿qué harías cuando me muera y te deje?
- ¿Cuando te mueras y me dejes "cuánto"?

170.
La mujer le pregunta al marido que agoniza:
- ¿Me has sido infiel alguna vez?
- Ya que voy a morir, contesta el marido, te tengo que confesar que he tenido una amante... lo siento. Pero ¿a dónde vas tan apurada?
- Pues, como te quedan diez minutos de vida, aún me queda tiempo para desquitarme.

171.
Sabe, Doctor, mi marido se cree caballo; se levanta en las mañanas, desayuna un fardo de pasto, luego se pega unas carreras y se pone a relinchar. ¿Qué puedo hacer, doctor?
- Mire, señora, este es un caso serio, así que el tratamiento le va a durar un largo tiempo y le va a costar muy caro.
- Por el dinero no se preocupe, porque en este último tiempo ya ha ganado tres carreras.

172.
La mujer le reclama indignada a su marido:
- Anoche, mientras dormías me insultaste.
- Y a ti, ¿quién te ha dicho que dormía?

173.
Al llegar a casa, el marido encuentra a su mujer desnuda por lo que le pregunta:

\- ¿Y tú, por qué estás desnuda?
\- Es que no tengo nada que ponerme. Entonces el marido abre el clóset y le dice:
\- ¿Cómo que no? mira, el vestido celeste, el azul el amarillo, buenas noches compadre, el rojo, el verde...

174.
La mujer entra a la oficina de su marido y lo encuentra con una hermosa chica sentada en su falda, el hombre la queda mirando sorprendido y exclama:
\- ¿Te das cuenta lo mal que están las cosas? No tengo ni para comprarle una silla a la secretaria.

175.
El matrimonio llega de visita y el marido dice:
\- Perdonen que mi esposa venga desnuda... es que no tenía nada que ponerse.

176.
Se va el matrimonio de vacaciones y de pronto la mujer le dice al marido:
\- Manuel, devuélvete, ¡se me quedó la plancha enchufada!
\- No te preocupís, vieja, a mí se me quedó la llave del baño abierta.

177.
La esposa indignada:
\- Infeliz, acabo de saber que abusaste de la criada.
\- Lo que pasa, vieja, es que se tomó tus pastillas anticonceptivas por error; y yo no voy a dejar que se pierdan.

178.
La señora le dice al marido:
\- Mi amor, afuera hay un tipo con una cara horrible.
\- Dile que ya tienes una y que no necesitas otra.

179.

Dice el marido:
- ¡Estoy asqueado de hacer el amor! Y la mujer le contesta:
- No te preocupes, a partir de hoy, cada vez que regreses del trabajo lo tendré hecho.

180.

La esposa le dice al marido, en medio de una discusión:
- No quiero que le llames la atención a Carlitos porque él no es hijo tuyo.
- ¿Cómo que Carlitos no es hijo mío? ¿de quién es entonces?
- Él es hijo de nuestro antiguo lechero, para que lo sepas.
- Entonces, tú no le vuelvas a llamar la atención a Luchito, porque él no es tuyo, le dice el marido a la esposa.
- Cómo que Luchito no es mío si yo lo tuve.
- Mira, yo te explico, ¿te acuerdas que cuando estábamos en la maternidad tú te metiste al baño y me dijiste, mientras vuelvo cambia al niño?
- Sí, me acuerdo y eso que tiene que ver.
- Bueno... lo cambié.

181.

El esposo a su señora:
- Qué extraño, siempre que hablas por teléfono te demoras dos horas y ahora te demoraste solamente una.
- Lo que pasa es que era una llamada equivocada.

182.

Mujer a su esposo:
- El vecino besa todas las tardes a su mujer cuando llega del trabajo... ¿por qué tú no haces lo mismo?
- Ya lo intenté, pero el vecino me sacó la cresta.

183.

Un matrimonio es invitado a un programa de televisión

al que también asiste una hermosa actriz, ella se pone celosa porque el marido la encuentra linda.
- Claro, viejo verde. ¿qué le encuentras? Quítale su carita de niña, su cuerpo joven y cuidado, su pelo suelto y brillante y su simpatía natural, ¿y qué te queda?
- Tú.

184.
Un marido a su atractiva mujer:
- ¿Sabes por qué se están extinguiendo los osos pandas? Y ella le responde luego de pensar un poco:
- Seguramente por la caza irracional del hombre. Y el marido le dice:
- No, es porque cuando van a hacer el amor, la hembra casi siempre le responde al macho:
- No puedo, tengo jaqueca.

185.
Un hombre rico al que no le iba muy bien le dijo a la esposa:
- Deberías aprender a cocinar y nos ahorraríamos la cocinera.
- Y tú, le contestó la esposa, deberías aprender a hacer el amor y nos ahorraríamos al chofer.

186.
Un hombre va a ver al otorrino, por un problema auditivo de su mujer, que ella se niega a reconocer, por lo que tampoco quiere ir al médico.
- Tiene que venir ella, le dice el médico.
- Pero es que mi mujer es muy porfiada, no va a venir. ¿Por qué no le indica unos audífonos y yo se los compro, doctor?
- No, tengo que verla... Pero, podríamos hacer otra cosa.
- ¿Qué doctor?
- ¿Cómo se llama su mujer?

- Amanda, doctor.
- Bueno, cuando vuelva a la casa, usted abre la puerta y la llama por su nombre. Si no contesta, usted se acerca otro poco. Si tampoco responde, usted la llama de nuevo y así sigue acercándose hasta que responda. Entonces, usted me trae la distancia y yo le indico los audífonos adecuados. El tipo vuelve a casa, abre la puerta y grita:
- ¡Amanda! Nada. Camina otros pasos y ¡Amanda! Y nada. Luego avanza otro poco y ¡Amanda! Nada tampoco. Hasta que llega casi a la espalda de su mujer y, prácticamente en la oreja, grita: ¡ Amanda ! Y ella responde:
- Hace media hora que te estoy diciendo qué, ¡sordo!

187.

¿Por qué asesinó usted a su esposa?
- Por compasión, señor juez.
- ¿Cómo es eso?
- Es que me dijo que sufría mucho con un hombre como yo.

188.

El tipo entra a una tienda a comprar un sostén para su señora
y la vendedora le pregunta:
- ¿Qué numero, señor?
- La verdad es que no sé el número.
- Entonces, vamos a tener que calcular, ¿seran como dos melones?
- No, mucho más chicas.
- Como dos manzanas.
- No, más chicas.
- Como dos huevos entonces.
- Si señorita, pero fritos.

189.

Un mendigo solicita algo de comer en una casa, mientras el matrimonio almuerza. La mujer se levanta diciendo:
- No soporto ver tanta pobreza, viejo...voy a darle comida a ese pordiosero. El marido, sin levantar la vista, replica:
- Sí, dale de esta misma... ¡para que no vuelva nunca más!

190.

Un tipo era viudo y le siguió siendo fiel a la esposa durante seis años; hasta que un día decide rehacer su vida, y se hace la cirugía estética, se compra ropa nueva, un coche último modelo y sale a la calle; en una esquina recoge a una muchacha, muy nervioso, ya que era la primera cita después de viudo; al llegar a una esquina viene un camión y lo mata; cuando llegó al cielo se presenta ante Dios y le dice:
- Dime, Señor, ¿por qué si yo fui tan fiel durante tanto tiempo, en la primera cita, dejas que venga un camión y me mate?
- Lo que pasa, hijo, le dice Dios, es que con esa pinta no te reconocí.

SUEGRAS

El lugar donde vivieron nuestros primeros padres se llamó Paraíso, porque Adán no tenía suegra.

191.
- Para este año, mi querido yerno, quiero que se te cumplan todos tus deseos.
- No se arriesgue, suegra, no se arriesgue.

192.
- Suegra, no coma tanto.
- Gracias, hijo, por preocuparte de mi silueta.
- Nada de eso, suegra, lo que pasa es que después no va a caber en el ataúd.

193.
- Pero hija. ¿Por qué no quieres casarte con Roberto?
- Porque es ateo mamá y dice que no existe el cielo ni el infierno.
- No te preocupes hija, tú cásate con él y entre las dos le demostraremos lo contrario.

194.
- ¡No sabe lo que me ocurrió, compadre! Estuve a punto de atropellar a mi suegra.
- ¡Flautas! ¿Qué te pasó?, ¿Te fallaron los frenos?
- No..., ¡el acelerador!

195.
El secuestrador habla por teléfono:
- Y le juro que si a las diez no ha reunido esa suma le devolveremos a su suegra.

196.
- ¿Qué le pasa compadre que está tan preocupado?
- Es que mi suegra está a las puertas de la muerte.
- ¿Y eso lo apena tanto?
- Claro. ¿Y qué tal si no se le abren?

197.
La niña le advirtió a su mamá que su novio vendría esa tarde a conversar con ella y le pidió que cada vez que él le preguntara por sus cualidades, ella tratara de agrandarlas para que el joven se fuera bien impresionado. Llegó el novio y le preguntó:
- ¿Cómo es su hija en el amor?
- AMOROSAZA, dijo la futura suegra.
- ¿Y es cariñosa?
- CARIÑOSAZA, respondió.
- Ah...y lo que más me importa: ¿Cómo anda en la reputación?
- Es REPUTAZA, no se preocupe.

198.
Dos amigas conversan:
- Lo que no comprendo es que tu madre acceda a que te cases con Juan, con lo vicioso que es y con la antipatía que le tiene.
- Por eso, replica la otra, está deseando ser su suegra.

199.
A un campesino le acaba de matar la suegra una mula. En el velorio, un amigo se acerca al campesino y le dice:
- Nunca vi a una mujer que tuviera tantos amigos y Él le contesta:
- Qué amigos ni que nada, si todos estos desgraciados, han venido a comprarme la mula.

200.
La suegra le dice a su yerno:
- ¿Y cuándo me va a llevar al zoológico?
- ¡Qué zoológico ni que nada, si la quieren ver, que vengan aquí!

201.
Llama la señora desesperada a su marido y le dice:
- Aló, Pepe, fíjate que mi mamá se dislocó un brazo, ¿qué hago, la vendo?
- No mujer, regálala, ¿quién te la va a comprar?

202.
Aló, señor, llamamos de la compañía de seguros para comunicarle que su suegra acaba de fallecer, por lo que le damos nuestro sentido pésame.
- Muchas gracias.
- Además debe saber que les ha nombrado a Ud. y señora los únicos beneficiarios de toda su cuantiosa fortuna y como a nosotros nos corresponde hacernos cargo del sepelio, queremos que nos diga qué hacemos; si la cremamos, la embalsamamos o la sepultamos.
- Mire, para que no corramos riesgos, hágale las tres cosas.

203.
El tipo llega a la farmacia y le dice al dependiente:
- Me da un frasco de arsénico.
- ¿Y para qué lo quiere?
- Es para mi suegra.
- ¿Y trajo la receta?
- No, pero traje la fotografía.

FRESCOS

Es que hay algunos que son más frescos que el pan de mañana...

204.
El fresco le dice a su mujer:
- Mijita, ya que nos casamos, vamos a poner inmediatamente los puntos sobre la íes en materia sexual: Ud., cada vez que tenga ganas, va a meter la mano debajo de la sábana, me va a agarrar ahí y me lo va a mover dos veces así yo voy a saber que Ud. tiene ganas y cada vez que no tenga ganas va a meter la mano debajo de la sábana me va agarrar ahí y lo va a mover doscientas veces.

205.
El fresco le dice a la amiga:
- ¿Qué te parece si jugamos al juego de las diez preguntas?
- Bueno, parece divertido...
- ¿Y si al final hacemos el amor?
- Eso también es divertido...
- Pues creo que voy a saltarme las otras nueve preguntas...

206.
Las tres grandes mentiras que cuenta un hombre a una mujer:
- Siempre te querré.
- Nunca te dejaré.
- La pura puntita, te lo juro.

207.
Un amigo a otro:
- Te invito a una orgía.
- Bueno, ¿y cuántos vamos a ser?
- Si llevas a tu mujer seremos tres.

208.
La chica le dice al tipo:
- Bésame, bésame.
- ¿Cómo que bésame? Si yo ni siquiera debería estar aquí haciéndote el amor, recuerda que soy casado.

209.
Oye ¿juguemos a la magia?
- Bueno, ¿cómo se hace?
- Yo te hecho unos polvos y tú desapareces.

210.
- Perdone, señor, esto es para una encuesta, ¿su mujer chilla cuando hacen el amor?
- Pues sí, sí, bastante.
- ¿Y lo hace «antes» o «durante»...?
- No, «después», cuando me limpio con las cortinas.

211.
Conversan dos señores:
- Oiga... y usted, ¿no piensa casarse?
- ¿Para qué? Tengo dos hermanas que me cuidan, me miman y me complacen en todos mis caprichos.
- Pero sus hermanas nunca le podrán dar lo mismo que una esposa...
- Y ¿quién le ha dicho que son «mis» hermanas?

212.

Un día se muere un tipo y se va al infierno.
- ¡Qué terrible! ¡Estoy en el infierno!
- No está tan mal, le dice el diablo, actualmente tenemos un montón de diversión aquí. ¿Te gusta beber?
- Seguro, amo el alcohol.
- Bueno, vas a amar los lunes entonces. Los lunes todo lo que hacemos es beber whisky, tequila, vino... bebemos hasta que no podemos más.
- Qué bien, suena grandioso.
- ¿Eres fumador?
- Empedernido.
- ¡Perfecto, vas a amar los martes!, conseguimos los cigarros más finos de todo el mundo y fumamos hasta que vomitamos los pulmones. Si te agarras cáncer, no hay problema: ya estás muerto.
- ¡Bieeeen!
- Apuesto a que te gusta el juego.
- Sí, en realidad, me gusta mucho.
- Bien, porque los miércoles es el día del juego: ruleta, black jack, carreras de caballos; lo que quieras. Hasta hemos abierto una mesa de strip-poker.
- ¡Mierda, nunca antes había jugado strip-poker!
- Bueno, ahora puedes. ¿Te gustan las drogas?
- Sí, amo las drogas. ¿No querrás decir qué...?
- ¡Exacto! Los jueves es el día de las drogas. Puedes meter tu cabeza en un bol de cocaína. Puedes hacer lo que quieras con las drogas y si se te va la mano con la dosis, está todo bien: ya estás muerto.
- ¡Putas, nunca imaginé que el infierno fuera un lugar con tanta onda!
- ¿Eres gay?, le pregunta el diablo por último.
- ¡Oh, no! ¡Eso sí que no!
- Uf, entonces vas a odiar los viernes.

ANCIANOS

Era un viejito tan viejito, que le salía una arruga más y quedaba ciego.

213.
El anciano grita entusiasmado:
- ¡Enfermera, enfermera, he tenido una erección!
- Tranquilícese abuelo, es la hernia que se le está saliendo.

214.
- ¿Ya tiene más alta la moral?, le dice el doctor al anciano.
- Sí doctor, la que sigue estando bajísima es la «inmoral».

215.
Un matrimonio de ancianos está viendo por TV a un hipnotizador que decía:
- Pongan la mano derecha sobre el televisor y la izquierda en la parte del cuerpo que desean que yo les mejore. El anciano puso una mano sobre la TV y la otra entre las piernas. La anciana lo quedó mirando y le dijo:
- No, viejo, este señor dijo que podía curar a los enfermos, ¡pero no resucitar a los muertos!

216.
- Oiga, doctor, le dice el ancianito, vengo a que me baje la potencia sexual.
- Mire, abuelito, la potencia sexual está en la cabeza.
- Por eso quiero que me la baje.

217.
- Oye abuelito, dime ¿cuáles son las tres cosas mejores de la vida?
- Pues una copita antes y una siestecita después.

218.
El anciano moribundo le pregunta a la ancianita:
- Dime, mi amor ahora que me voy a morir ¿alguna vez me engañaste?
- Oye, viejito ¿y si te digo y después no te mueres?

219.
- Vieja, me acabo de afeitar y me siento más joven que nunca.
- Entonces, viejito ¿Por qué no te afeitas de noche?

220.
El abuelo le dice a la esposa al pasar por un hermoso paraje:
- ¿Te acuerdas viejita que aquí fue donde hicimos el amor por primera vez?
- Sí, de eso me acuerdo, lo que no puedo recordar es dónde lo hicimos por última vez.

221.
El exitoso empresario de 92 años se casó con una rubia exuberante de apenas 22 años. Cuando regresó de su luna de miel, un amigo le preguntó cómo le había ido y le contesto:
- Muy bien, hicimos el amor casi todos los días.
- ¿Cómo casi todos los días?
- Pues claro: casi el lunes, casi el martes, casi el miércoles...

222.
- Mi abuelito murió ahogado...
- ¡Huy, qué lástima! ¿se cayó al mar?
- No, se puso a hojear un Playboy y se le hizo agua la boca, agua la boca, agua la boca y murió ahogado.

223.
Tres viejos hablando:
- Ay, lo que es la edad, cómo se deteriora uno. Mira, sin ir más lejos, ayer veo a mi mujer sentada delante de la tele, y le digo:
- Pero, María, ¿para qué estás mirando la tele, si está apagada?, y me contesta:
- Pero, Marcelo, ¿no ves que está encendida?, y es que es la edad, oye, ya me estoy quedando ciego.
- Ay, pues, a mí me pasa lo mismo, oye. Ayer vi a mi hija moviéndose como una loca en el salón de la casa, y le digo, pero Carmencita, hija, ¿qué haces moviéndote así? Y me contesta:
- Estoy bailando, ¿es que no oyes la música? ¡está a todo volumen!, es que ya me estoy quedando sordo, hay que ver lo que son los años.
- Ay, mira, pues a mí igual. Fíjate, ayer le digo a mi secretaria:
- Oye, Anita, ¿qué te parece si hacemos el amor? Y me contestó:
- Pero si acabamos de hacerlo hace diez minutos, don Pedro. Es que son los años, oye, ya me está fallando la memoria.

224.

Llega un viejo al médico, y le dice:
- Mire doctor, vengo a verle porque tengo un problema muy grave.
- A ver, cuénteme.
- Pues mire, para ponerle en antecedentes, hay que darle gracias Dios de que con el primero no tengo problemas...
- Hombre, eso está muy bien, ¿cuántos años tiene usted?
- Ochenta y siete, pero eso es lo de menos, porque los problemas empiezan con el segundo. Ay, el segundo es terrible, doctor, no sabe usted lo que me cuesta. Muchas veces si no me ayuda mi mujer, no puedo...
- Bueno, bueno, (con tono molesto) no se queje usted tanto, que ya querría yo poderme hacer dos cuando tenga sus años.
- Pero, doctor, eso no es lo peor. Lo peor es el tercero. Ese ya de ninguna manera, oiga, estoy ya tan cansado, que no puedo, ni aunque me ayude mi mujer, vamos, un desastre, doctor, dígame usted qué voy hacer yo así, en estas condiciones.
- Pero bueno, abuelo, qué carajo quiere usted con 87 años... (muy enojado)
- Qué ¿qué quiero? Pues llegar al tercer piso, caramba, que es donde vivo.

225.

Dos viejecitos sentados en un parque:
- Pues, me ha empezado a doler la pierna derecha.
- Eso es de la edad.
- Qué dices, la izquierda tiene los mismos años y no me duele...

226.

Un matrimonio de ancianos visita el cementerio y él le dice a su esposa:
- Vieja, cuando tú te vayas voy a mandar a hacer un

epitafio que diga: Aquí yace mi esposa, fría como siempre, y la viejita le contesta:
- Y si tú te vas primero, voy a mandar a hacer uno que diga: Aquí yace mi marido, al fin tieso después de veinte años.

227.
Un abuelito con miedo a la impotencia escucha que el pan es un excelente afrodisiaco. Va a la panadería y pide 100 kilos de pan. Y el panadero le dice:
- Numerosa su familia, ¿eh?
- No, son sólo para mí.
- Se le va a poner duro, abuelito...
- Eso es lo que quiero...

228.
Hablan dos abuelos:
- Aquí, donde me ves, puedo echar aún dos polvos.
- ¿Y cuál encuentras mejor?
- Sin duda que el de invierno.

RESTAURANT

Al tipo le pasan una tremenda cuenta y le pregunta al garzón:
- ¿Y no le van hacer un descuento a un colega?
- ¿Que usted es dueño de un restaurante?
- No, soy ladrón igual que ustedes.

229.
Impresionado por la limpieza del restaurante, el cliente llama al garzón.
- Tengo que felicitarlo. Todo está limpísimo. La limpieza - contesta el garzón - es una norma estricta del local. El dueño es tan estricto que nos hace llevar siempre una cucharita de plata para que tomemos todo lo que servimos sólo con la cucharita. Y lo que es más, en el cierre de nuestros marruecos, nos ha hecho atar un cordel, para cuando vamos a orinar, no usemos los dedos.
- ¿Y cómo hacen para sacudirla y meterla adentro después de mear?
- Mire, yo no sé qué haran los demás. Pero en mi caso particular, yo uso la cucharita de plata.

230.
Llega una pareja de chilenos a Cancún, y en el restaurante él le dice al garzón:
- Para comenzar, trae algo para picar y un tequila Margarita para mí.
- Perdón, señor, replica el mozo, ¿y a su señora qué le pongo?
- Bueno, a mi señora le pones un fax y le dices que lo estoy pasando la raja.

231.
Un tío entra en un bar y ve a un mono sentado en la barra al lado del camarero.
- Oiga, y ¿este mono?

- Ah, pues, me alegro de que me lo pregunte, mire, mire lo que hace... Entonces el camarero saca un bate de béisbol guardado debajo de la barra y le pega una feroz batazo en la cabeza al pobre mono que lo tira de la barra.
- Pero ¿qué hace, hombre, no ve que lo va a matar?
- Que no, que no, mire, mire... Entonces el mono se levanta, vuelve a subirse a la barra, le baja el cierre del pantalón al camarero y le empieza a mamar.
- ¡Hombre, esto es increíble!
- ¿Le gustaría probar a usted?
- Bueno, pero no me dé demasiado fuerte con el bate.

232.
- Camarero, camarero, este pollo está crudo...
- ¿Y cómo sabe que está crudo?
- Porque se está comiendo las papas fritas.

233.
El tipo llama al garzón y le dice:
- Dentro de este plato de arroz hay un botón.
- Sí, señor, es la muestra de la casa.
- Y cómo es eso.
- Como en el refrán, señor, para muestra un botón.

234.
El garzón le pregunta al cliente:
- Señor, ¿cómo quiere sus huevos?
- Con toda el alma, muchacho.

235.
Garzón, hay una mosca nadando en mi sopa!
- ¿Y qué quiere que haga? ¿Que llame a un salvavidas?

236.
Mozo, esta langosta sólo tiene una pinza.
- Debe haberla perdido en alguna pelea, señor.
- Bueno, entonces tráigame a la ganadora.

237.
- A ver garzón tráigale a mi señora una parrillada grandota, a ver si se queda quieta un rato.
- Y a mi esposo, dice la señora, tráigale 5 kilos de almejas a ver si se mueve más rato.

238.
Un día entraron dos pollitos a un bar y uno dijo:
- ¡Pío...pío...!
- A lo que el otro respondió: ¡Píe no más; yo pago!

239.
El Restaurant está repleto. Una niña no tiene dónde sentarse así que el garzón le pide permiso a un caballero para acomodarla en la misma mesa. Ella pide dos huevos y él lengua a la vinagreta. El mozo se confunde y les sirve los platos equivocados. El hombre muy galante le dice:
- Me temo que el garzón ha cometido un error. ¿Sería tan amable de pasarme la lengua por los huevos?

EBRIOS

Más vale ebrio conocido que alcohólico anónimo.
Sólo dos inventores merecen la fama, uno, el que inventó el vino, y dos, el que inventó la cama y sólo dos pecadores merecen el perdón divino: el que peca con la cama y el que peca con el vino.

240.
El tipo llega ebrio a la casa pateando la puerta y gritando:
- Llego a las cuatro de la mañana ¿ yqué?...y si quiero no llego ¿y qué?....y ando con hartas minas ¿ yqué?...luego se queda mirando y dice:
- Y que es bonito ser soltero ¿yqué?

241.
- Acúsome padre que anoche le hice el amor a mi señora diez veces...
- Pero eso no es pecado, hijo.
- Sí, ya sé, pero tenía que contárselo a alguien...

242.
- Borracho infeliz, le dice la mujer; tres noches que no llegas a dormir a la casa...
- Pero, vieja, si no tengo sueño...

243.
El borracho va de pie en el omnibús y sentada frente a él una voluptuosa mujer con un escote sensacional y un crucifijo en el medio del pecho y el ebrio mirando para adentro. La mujer se da cuenta y le dice:
- Veo que le gusta el crucifijo, y el borracho le dice:
- Sí, pero más me gustan los dos ladrones.

244.
La mujer le dice al marido que viene llegando borracho:
- ¡Mira la hora que es! ¿me puedes decir de dónde vienes?
- Mira, vieja, no me acordís que me devuelvo.

245.
Va pasando una hermosa mujer y viene un ebrio y le da un agarrón. La mujer se da vuelta y le dice:
- Negro, ordinario, sucio y hediondo...y el borracho le contesta:
- No sé, pero si es una adivinanza, tiene que ser el culo.

246.
Como estaría de cocido este tipo que soñó que se le aparecía el hada madrina. Ella le dijo:
- Yo soy tu hada madrina...
- Sí, si más o menos te cacho.
- Si te toco con mi varita mágica te voy a dejar encantado...
- Y si yo te toco con la mía, te voy a dejar loca...

247.
El curado va por la calle y se encuentra con un policía y le dice:
- ¿Cómo voy mi cabo? ¿voy bien o voy mal?
- No sé, yo te veo un poco bebido pero vas bien.
- No, ¿cómo llevo el cierre del pantalón, arriba o abajo?
- No, vas bien, lo llevas arriba...
- Entonces voy mal porque me voy meando.

248.
El tipo venía todo rasguñado y el amigo le pregunta:
- ¿Qué te pasó?
- Mi señora...le agarré una pechuga y me rasguñó entero.
- Pero qué anticuada... yo también le agarro las pechugas

a mi señora y nada que me rasguña.
- Sí, pero yo se las agarré con la puerta del auto...

249.
Estaba el borracho orinando detrás de un árbol y se le aparece un gatito y le dice:
- Miauu.
- ¿Y qué? ¿querís whisky, desgraciado?

250.
Van dos borrachos a alta velocidad en un auto y uno le dice al otro:
- ¡¡¡Cuidado con el árbol!!!
- Y se pegan el tremendo choque.
- ¡Te dije, cuidado con el árbol!
- Si te escuché, pero vai manejando vos....

251.
El borracho va manejando y el acompañante le dice:
- Cuidado con la muralla...
- Es neblina...
- ¡¡¡No, te digo que es una muralla!!!...
- Es neblina, hombre....y se mandan el tremendo choque.
- ¿Y cómo supiste que era una muralla?
- ¿Y dónde has visto escrito en una neblina una grosería?

252.
La cantante está en el medio de su actuación y el público empieza a hacerle peticiones:
- «Pérfida», «Mala mujer», «Ingrata». Y un borracho que se había quedado dormido, despierta y le grita:
- Vieja maraca conch...

253.
Dos borrachos llegan a una exclusiva fiesta donde no estan invitados.

y uno le dice al otro:
- Compadre, saquemos a bailar...Ud. saque a la flaquita de rojo y yo voy a sacar a esta gordita de morado...
- ¿Baila, señorita? Con todo respeto.
- No, no bailo.-
- ¿Y por qué si está tan buena la música?
- Mire joven, no bailo por tres razones; primero, no sé bailar; la segunda es que me cae usted muy mal y la tercera es que yo no soy una gordita vestida de morado ... soy el Obispo de la ciudad.

254.
Juan llega a su casa más cocido que paila marina en tiempo de cólera. Su mujer está enojadísima:
- ¡Mira como vienes de borracho otra vez! A ver, ¿qué ganas con beber?
- Pero, vieja... si no lo hago por dinero.

255.
Un borracho ingresa a un bar con dos mujeres:
- ¡Barman, tres Coca Colas.
- ¿Familiares?
- No, son putitas amigas, no más.

256.
Un borracho estaba orinando y llegó otro tipo que para taparse sacó un libro y lo puso por el lado. El borracho le quedó mirando y le dijo:
- Mire amigo, el mío es más inteligente porque lo hace de memoria.

257.
Dos borrachos están charlando en un bar y uno le pregunta al otro:
- ¿Y tú por qué tomas tanto?
- Por mi mujer. Porque cuando la conocí, la cabellera le

llegaba hasta la cintura y tenía los pechos grandes, tiesos y firmes, y ahora son las tetas las que le llegan a la cintura y lo que tiene tieso es el pelo...

258.
El marido llega ebrio a su casa a las cuatro de la mañana y grita:
- Mijita, ¿dónde estás? Y se escucha una voz que dice:
- Estoy enojada y estoy escondida. El marido le ruega:
- Por favor, mi amor, se me hizo tarde y me tomé unos traguitos con los amigos...
- Estoy enojada y estoy escondida.
- Mira, mi amor, insiste el borracho, si sales te voy a hacer el amor como nunca. Y se escucha la misma voz que dice:
- Estoy enojada y estoy en el clóset.

259.
Un borracho le pregunta a otro:
- ¿Compadre, qué le parece a Ud. la posición iraquí?
- A mí me gusta pero mi mujer dice que le duelen un poquito los codos.

260.
¿Sabe Ud. compadre que el alcohol me hace invisible?
- ¿Por qué, compadre?
- Porque cada vez que llego borracho a la casa, mi mujer no me puede ver.

261.
El borracho llega de amanecida y la mujer lo recrimina:
- ¿Por qué vienes llegando a esta hora?
- Pues, porque era el único lugar que estaba abierto.

262.
El borracho que engañaba a la señora llega a la casa y ella le dice:

- ¡Lo sé todo! ¡Lo sé todo!
- Si lo sabes todo entonces dime: ¿Cuál es la capital de Singapur?

263.

Entra a la cantina un borracho como de dos metros y grita:
- Me cago en todos, menos en el pelao. El peladito que estaba en un rincón se para todo asustado y le dice:
- Muchas gracias, señor, por su consideración para conmigo.
- Vos quédate callado, pelao, porque ... contigo me voy a limpiar el culo.

264.

Un borracho está hace rato mirando un charco de agua donde se refleja la luna y las estrellas sin saber de qué se trata. De pronto pasa un transeúnte y este lo detiene: ¿Oiga, me podría decir que es eso? indicando el reflejo en el charco.
- La luna.....le contesta de mala gana el transeúnte.
- ¿Y esas otras lucecitas más chiquitas?
- Las estrellas.
- Ah, caramba, ¿y yo qué cresta ando haciendo en el espacio?

265.

Ud. es un cerdo, compadre, anoche se orinó 3 veces en mi auto.
- No es cierto, compadre, está bien que estuviera cocido pero me acuerdo que cada vez que oriné abrí la puerta del auto para hacerlo.
- Si, compadre, pero nosotros estábamos conversando... afuera del auto.

266.
El enanito entra al bar y como era tan chiquitito, para que lo viera el barman empieza a dar saltitos: (Salta) Muy (salta) buenas (salta) tardes (salta). Un café (salta) con leche (salta) y un trozo (salta) de ese (salta) pastel (salta) de fresas (salta) y un vaso (salta) de agua (salta) muy fría (salta) por favor.-
- Perdón, ¿cómo ha dicho?, le dice el barman.
- (salta) Dije (salta) que te fueras (salta)a la puta (salta) madre (salta) que te parió.

267.
Un borracho ve a un par de gemelos en el bar y , asustado, se restriega los ojos. Uno de los gemelos le dice:
- No se asuste, somos gemelos.
- ¿Los cuatro?

268.
El borracho va en la micro sentado y una mujer embarazada le dice:
- Señor, ¿me podría ceder el asiento? , no es por mí, se lo pido por este, y le indicó el estómago abultado. Al rato el borracho que se quedó parado al lado de la mujer empieza a mirar hacia abajo y ve que la mujer tenía un tremendo escote, y como se le veía todo, le dice:
- Disculpe, señora, pero se podría cubrir un poquito... no es por mí...se lo pido por este, y se miró la bragueta.

269.
Va un borracho por la calle y se encuentra con una monja. Le da un puñetazo, la tira al suelo y le dice...
- Levántate, Batman, y sigue luchando.

270.
Salen dos tipos de un bar a las siete de la mañana más cocidos que botón de oro. Por la calle ven a un loco de

esos que salen a hacer footing, tumbado boca abajo y haciendo flexiones. Y le dice un borracho al otro:
- Oiga compadre... ese gil sí que está mal... le sacaron la mina y todavía se sigue moviendo.

271.
Tres borrachos entran en un bar a las tantas de la noche; dos de ellos llevan al tercero, que se cae y se queda tirado en el suelo. Otro se pone a vomitar apenas se sienta en una de las mesas, y el tercero le dice al camarero:
- Buenash...mmme pone treeesh whishkish y otrooosh tresh para mmmi ammmigo de la mmmesha.
- Y el del suelo no quiere nada?
- Nnno, eshe ya no bebe mmmash porque tiene que connnducir.

272.
Un borracho muy borracho llega a su casa. Con gran dificultad consigue sacar su llave y dice:
- Eshta esh mi llave y eshta esh mi puerta. Tambaleándose entra en la casa, y dice...Eshta esh mi casha, eshte esh mi pashillo, eshta esh la puerta de mi habitación. Entra en la habitación, sigue palpando y dice: Eshta esh mi cama, eshta esh mi mujer, y eshte tipo que eshtá durmiendo en la cama shoy yo.

273.
En un bar de un hotel entra una gringa y dice:
- Buenas noches, me da un pisco sour por favor... el mesero se lo sirve y pide otro, y otro y otro ....hasta quedar inconsciente. El del bar la queda mirando y piensa:
- Está harto buena ... voy a meterla en la trastienda y le hago el amor. Cuando ha acabado, se pone a pensar:
- Yo que le debo un favor al botones ....voy a llamarle. El botones se lo hace también, y luego se le ocurre llamar al camarero, que debe tener unas ganas... y luego el recep-

cionista. Al día siguiente la misma gringa entra en el bar.
- Buenas noches, me da whisky.
- ¿Que no le gustó el pisco sour?
- Sí, gustarme, pero doler mucho el culo.

274.
Un hombre en un estado realmente calamitoso y con una cara muy triste se encuentra con un viejo amigo suyo en la calle:
- Pero, Pedro , ¿qué te ha pasado? ¿has tenido un accidente? ¡Estás que da pena verte!
- Mira, compadre... es que soy alcohólico... y cuando llego a casa borracho mi mujer me pega. Además, mis vecinos ya conocen la historia, y se ríen de mí; mis amigos no me quieren hablar, y mis hijos se avergüenzan de mí, así que cada vez bebo más, y la cosa está cada vez peor, no sé qué hacer. Ah, pues me alegro de haberte encontrado, porque conozco la solución. Lo que tienes que hacer cuando tu mujer te pegue es bajar la persiana para que tus vecinos no vean lo que está pasando, y gritar como si fueses tú quien le pega a ella, y de esta manera todo el mundo te volverá a respetar. Oye, qué buen amigo eres, no sabes cómo te lo agradezco. Esa misma noche llega a su casa borracho como trompo y apenas entra su mujer empieza a pegarle , pero él ya está preparado.
- ¡Qué verguenza! ¡Otra vez borracho ! Y el borracho se acuerda y empieza:
- ¿Qué te has creído? ¿Que me puedes insultar en mi casa, o qué? ¡Cierra tu asquerosa boca! Toma , toma ahí tienes... Luego se va corriendo a cerrar la persiana, pero la mujer está incluso más enojada que de costumbre porque le ha contestado, así que cuando está al lado de la ventana le pega una bofetada tan fuerte que lo tira del tercer piso hacia abajo. Y el borracho le grita mientras va cayendo a la calle:
- ¡Y ahora me voy!

275.
Llega Pepe con su amigo Paco a casa, totalmente borrachos, a las cuatro de la madrugada. Al abrir la puerta, la mujer de Pepe dice:
- ¿Qué horas son estas de llegar a casa? ¡Y en este estado!
- Ahora de castigo, ¡un mes sin hacer el amor!... Y tú Paco... ¡tampoco!

276.
Dos amigos están bebiendo en un bar:
- A mí cuando más me gusta hacer el amor es por la noche.
- Pues a mí, después de comer... recojo la mesa y allí encima mismo se lo hago.
- ¡Hombre! ¡Qué bruto eres!
- Sí, sí, bruto... pero no te imaginas cómo lo disfrutan las visitas.

277.
Dos borrachos deciden tomarse una cerveza; abren las botellas, y uno dice:
- ¡Salud!
- Pero bueno, ¿a qué vinimos, a tomar o a conversar?

278.
Llega cierto día un borracho a su casa como a las tres de la mañana gritando a viva voz...
- ¡Amor, hic, prepárate para tres polvos! A lo que la mujer le responde:
- Mi amor, llegaste excitado.
- No llegué con dos amigos...

280.
Estaban dos borrachos ansiosos de agarrarse unas minas, cuando de repente ven pasar a dos religiosas y ni cortos ni perezosos se las llevan a un callejón y se las empiezan a

violar, en eso una de las monjas dice :
- Dios, perdónalos porque no saben lo que hacen. Y la otra le responde :
- Será el tuyo porque el mío hace maravillas.

281.
Un borracho se mete a un velorio, se acerca al ataúd y comienza a cantar:
- Happy birthday to you....happy birthday to you..; se le acerca la viuda y le dice llorando:
- ¡Oiga, señor!, ¿¿¿no se da cuenta que este es un velorio??? El borracho la mira y le dice:
- Ah, carajo, con razón las velas me parecían muy grandes...

282.
- Cantinero, tráigame un whisky de doce años, pero déjeme vendarme los ojos primero...
- ¿Y eso por qué?
- Es que cuando veo el vaso de whisky se me hace agua la boca y un doce años se debe tomar puro.

283.
Cómo andaría de borracho el tipo , que acabó metiéndose a orinar en el baño de las mujeres. Estando en eso, entra una señora y, al verlo la mujer, le dice:
- ¡Oiga, borracho infeliz! ¡Esto es sólo para mujeres!
- ¡Eshto tambiéeeen, señora . Eshto tambiéeeen..!

DELINCUENTES

Hoy día nadie se salva de ser víctima de la delincuencia...
Un asaltante aborda a un tipo en la calle y le dice:
- ¡Arriba las manos!, entrégame toda tu plata. El tipo se da vuelta y le contesta:
- ¿Usted no sabe quién soy yo?
- No tengo idea, le dice el asaltante.
- Yo soy un diputado de la República.
- Entonces entrégame «MI» plata, desgraciado.

284.
El abogado va a visitar a su defendido a la cárcel y le dice:
- Te tengo dos noticias, una buena y una mala ¿cuál te doy primero?
- La mala, le contesta el criminal.
- Bueno que tu sangre estaba en todo el lugar del crimen, en el cuchillo, en la víctima, etc. Así que lo mejor que te conseguí fue cadena perpetua.
- ¿Y cuál es la buena?
- Que tenís 0% colesterol.

285.
Por un callejón pasa un par de jovencitas, luciendo unas diminutas minifaldas. De pronto aparece un asaltante pistola en mano y les dice:
- ¡Arriba las minis, esto es un asalto!

286.
Asaltan una farmacia:
- A ver, ¡entregue todo lo que tenga en caja!
- Perdón, señor, pero no tengo en caja... en jarabe no más.

287.
El preso pregunta a su nuevo compañero de celda:
- Y tú ¿por qué caíste?
- Por pura mala suerte, hermano, me demoré dos meses en hacerme amigo del perro y cuando entré a la casa pisé al gato.

288.
En un lugar muy obscuro va pasando una niña y le aparece un tipo...Ella muy asustada le dice:
- ¿Y quién es usted?
- Esteban.
- ¿Qué Esteban?
- Esteban-dido que te va a asaltar, ¡arriba las manos!

289.
El delincuente le pregunta al abogado:
- ¿Cuántos años cree usted que me van a dar de condena?
- Mire, si me presta una calculadora, en media hora se lo digo.

290.
Un tipo llega al cuartel de policía y se pone a mirar unas fotografías que se ven en la pared.
- ¿De quién son estas fotografías?, pregunta.
- Son delincuentes que andamos buscando.
- ¿Y por qué no los agarraron cuando les tomaron las fotografías?

291.
Entraron a robar en una famosa tienda de ropa durante la noche. Al otro día el dueño para aprovechar la publicidad puso un cartel que decía: «HASTA LOS LADRONES PREFIEREN VESTIRSE AQUÍ».

292.
Se está tratando un caso de violación en el tribunal, y el Juez le advierte al testigo para que modere su lenguaje si no quiere incurrir en el delito de ultraje al tribunal. A lo que el testigo pregunta:
- ¿Qué quiere decir ultraje al tribunal, Usía?
- Se refiere a la técnica del derecho, cosa de la que Ud. no entiende nada.
- El testigo sigue con su declaración y dice: Entonces el Guatón le saco los calzones a la María y le cometió un ultraje bucal.
- ¿Y qué es eso?, le preguntó el juez
- Eso, Señoría, se refiere a la técnica sexual, cosa de la que usted no sabe nada por lo que veo.

294.
Un tipo llega a asaltar una fábrica pero como no encuentra el dinero decide llevarse a la secretaria. Al día siguiente aparece la secretaria toda despeinada y con la ropa toda arrugada. Al verla el jefe le pregunta:
- ¿Fue un rapto, no?
- No, jefe, no fue sólo un rapto, fue toda la nopche.

295.
El tipo le decía al cura:
- Mi vida es todo un ejemplo, padre. Nunca bebo alcohol, nunca salgo, no hago el amor con ninguna mujer, es más, ni las miro, por la noche, a las 8, ya estoy en la cama y todos los domingos voy a misa...
- Sí, hijo mío, pero ten en cuenta que todo esto va a cambiar cuando te concedan la libertad.

296
El detective le dice al visitante:
- El jefe no se encuentra en estos momentos. ¿Gusta esperarle o prefiere dejar sus huellas digitales?

297.
- ¡Arriba las manos! Le dice el asaltante al tipo.
- ¿Acaso esto es un asalto?
- No, tarado, te voy a echar desodorante.

298.
Un tipo, como a eso de las dos de la mañana, detiene a un transeúnte y le pregunta:
- Señor. ¿Ha visto algún policía por aquí?
- La verdad, no he visto a ninguno.
- ¿Y no ha visto a algún detective, por casualidad?
- Tampoco he visto a ningún detective.
- Entonces, entrégame la cartera, porque este es un asalto.

299.
En un juicio dice el fiscal:
- Miren al acusado, su mirada torva, su frente estrecha, sus ojos hundidos, su apariencia siniestra....
- Pero bueno, dice el delincuente , ¿me van a juzgar por asesino o por feo?

300.
En la hora de visitas en una cárcel de alta seguridad, la mujer del ladrón habla con su esposo a través del cristal. En un descuido del vigilante la mujer pregunta:
- ¿Querido, tuviste problemas con la lima que te puse en el pastel?
- Sí mujer, me operan mañana.

301.
Un reo a medianoche grita a todo pulmón:
- Agua, mi cabo, quiero agua, y el cabo contesta:
- ¿Y para qué quieres agua?
- Pa' tomar, no va a ser pa' arrancarme nadando.

302.
Un delincuente a otro:
- ¡Asalté el banco en un elefante!
- ¿Oye y no te pillaron?
- No, lo único que me costó fue ponerle la media en la cabeza al elefante para que no lo descubrieran después.

DOCTORES

Tenía razón el doctor cuando me dijo que en una semana me iba a tener caminando, ya que tuve que vender el auto para pagarle la cuenta.

303.
En la última huelga de los médicos se juntaron los dentistas con los oculistas y le dijeron al ministro de salud que se iban a ir ojo por ojo y diente por diente. El problema fue cuando los ginecólogos se botaron a choros y la cosa se puso grave cuando los urólogos dijeron que les importaba un coco los problemas del gobierno.

304.
- Doctor, estoy desesperado porque mi bebé de un año todavía no abre los ojos. El médico revisa al bebé y le pregunta:
- Perdón, ¿Ud. es chileno?
- Sí, doctor.
- Su señora, ¿es chilena?
- Sí, doctor.
- Entonces el que va a tener que abrir los ojos soy vos porque el bebé es chino.

305.
El oculista está revisando al paciente con uno de esos instrumentos que tienen y el paciente le pregunta:
- Doctor, ¿qué tengo?
- Ud. Tiene hemorroides. El paciente se baja los pantalones le muestra el culo y le dice:
- Por qué no me revisa aquí atrás para ver si tengo cataratas.

306.
Llega la señora a la consulta médica y dice:
- Doctor, quiero que deje a mi marido como un toro.
- Muy bien le dice el doctor, sáquese los calzones y vamos a partir colocándole los cuernos.

307.
- Doctor, quiero decirle que las leyes de Mendel no funcionan
- ¿Por qué me dice esto?, le replica el doctor.
- Porque yo soy moreno, mi señora es morena y el cabro chico nos salió colorín.
- El doctor le pregunta: ¿ustedes hacen el amor todos los días?
- No, doctor, con menos frecuencia.
- ¿Una vez a la semana?
- La verdad, con menos frecuencia.
- ¿Una vez al mes?
- Para serle franco con menos frecuencia.
- ¿Una vez al año?
- Por ahí doctor.
- Ahí esta el problema, tenís el aparato oxidado.

308.
El doctor llama por teléfono a su paciente:
- Mire, le tengo una noticia buena y otra mala.
- Bueno... dígame primero la buena.
- Los resultados del análisis indican que le quedan 24 horas de vida.
- Pero, bueno, ¿eso es la buena noticia? Entonces ¿cuál es la mala?
- Que llevo intentando localizarle desde ayer.

309.
Un tipo va a un hospital a hacerse una vasectomía. Cuando despierta, después de la operación, se encuentra al

médico, que le dice:
- Verá, no todo ha ido bien esta vez, tengo una noticia buena y otra mala...
- A ver, dígame la mala.
- Le hemos cortado los testículos accidentalmente.
- ¡Mierda! ¿Y cuál es la buena?
- Les hemos hecho una biopsia, y no eran malignos.

310.
- Doctor quiero saber si voy a vivir hasta los 90 años.
- ¿Usted fuma?, le pregunta el doctor.
- Nunca.
- ¿Bebe?
- Jamás.
- ¿Es mujeriego?
- No, doctor.
- ¿Y pa'qué mierda querís vivir hasta los 90 años?

311.
Llega el abuelito donde el doctor y le dice:
- Doctor, tengo 95 años y todavía persigo a las muchachas.
- ¿Y cuál es el problema, abuelito?
- Que cuando las pillo no sé para qué las estaba siguiendo.

312.
Llega el abuelito y le dice:
- Doctor tengo 97 años y quiero saber si todavía puedo tener hijos...
- Mire, abuelito, le responde el doctor, a simple vista yo tendría que decirle que no, pero la única forma de saberlo con certeza es mediante un espermiograma. Así que si se quiere hacerse el examen métase al baño con este frasquito. Así lo hace el abuelito y pasa una hora y media y no salía. Preocupados deciden entrar a buscarlo. Cuando van a abrir la puerta venía saliendo y dice:
- Mire doctor he estado tratando media hora con la mano

izquerda, media hora con la mano derecha, una hora con las dos manos y todavía no puedo abrir el frasquito.

313.
La abuelita llega al doctor y le dice:
- Doctor, mi marido tiene 98 años y todos los días me hace el amor tres veces al día , quiero saber si eso es bueno o malo... el doctor le contesta:
- Mire, abuelita eso no es ni bueno ni malo, esa huevá es MENTIRA.

314.
Llega el tipo al doctor y le dice:
- Doctor soy impotente, el doctor le dice:
- A ver, eche afuera... le agarra el aparato y lo empieza a tocar mientras comenta: yo encuentro que está bien de tacto, tiene buen color, buena flexibilidad y llevándoselo a la cara le dice: lo que a esto le falta es cariño.

315.
El paciente llega al urólogo diciéndole que tiene un infección en el aparato. El doctor lo empieza a revisar y pone unas caras raras, el paciente le pregunta:
- ¿Estoy muy grave doctor? ¿Lo voy a perder?
- No sé, le contesta el doctor, yo te lo voy a entregar en una bolsita si lo perdís es cosa tuya.

316.
La madre superiora llega a la consulta del médico y le dice:
- ¡Cómo se le ocurre decirle a sor Rosario que estaba embarazada!.
- ¡Pero si yo le dije eso para hacerle pasar un susto ya que tenía hipo! ¿No se le fue el hipo?
- Sí, a ella sí, pero al padre Juan le dio un infarto.

317.
- Doctor, vengo para que me ampute los testículos.
- Oiga, señor, si no es llegar y amputar los testículos, tengo que revisarlo, para ver si tiene algún problema primero...
- Mire, doctor, si usted no me amputa los testículos me voy a ir donde otro médico que sí está dispuesto a hacerlo...
El doctor que estaba medio escaso de dinero decide amputárselos y el tipo sale a la calle y se encuentra con un amigo que le dice:
- Bueno y...¿Te operaste de los meniscos?
- ¿¿¿MENISCOS??? ¡¡¡Esa era la palabra de mierda!!!

318.
El doctor le dice a la niña:
- A ver, señorita, ¡desnúdese!
- Pero, doctor, si ayer no más me revisó usted y me encontró estupenda.
- ¡Por eso, señorita! ¡Por eso!

319.
Una niña va al médico y le dice:
- Doctor, tengo el siguiente problema: todas las mañanas me viene un cosquilleo y un calorcito que me sube y me baja y que me recorre todo el cuerpo y tengo que buscar a un macho y con eso es lo único que se me pasa; luego al mediodía me vuelve a ocurrir lo mismo y otra vez tengo que buscar a un macho y es la única forma que se me pasa; luego a eso de las cinco de la tarde la misma cosa, pero cuando llega la noche es peor y ahí tengo que buscar a dos machos y es la única manera que se me pase ¿qué será doctor?
- Mire, discúlpeme, pero usted es NINFOMANIACA.
- Ay, doctor, me lo puede escribir en un papelito, mire que en la población dicen que soy una puta de mierda.

320.
- Sabe, doctor, dice el abuelo, tengo un problema. La primera vez que hago el amor me da mucho calor y la segunda vez me da mucho frío ¿qué podrá ser?
- Bastante raro su problema porque está usted muy bien de salud. A ver, dígale a su señora que pase para revisarla a ella también. El doctor revisa a la señora, la encuentra bien y le dice:
- Qué raro, señora, su marido dice que la primera vez que hace el amor le da mucho calor y que la segunda vez le da mucho frío y no les puedo encontrar el problema.
- Ay, doctor, cómo no, si la primera vez lo hace en verano y la segunda en invierno.

321.
Dos tipos están orinando en los baños del Estadio Nacional y uno le dice al otro:
- Oiga, ¿A usted le hizo la circuncisión el Dr. Perez?
- Sí, ¿y usted cómo lo supo?
- Porque ese doctor es una mierda y ahora hágase más allá que me está meando los zapatos.

322.
- Doctor, ¿es malo masturbarse?
- No, pero es mejor hacer el amor.
- ¿Y por qué?
- Porque te diviertes lo mismo y además conoces a otras personas.

323.
Al tipo le tenían que hacer un trasplante de una mano que había perdido en un accidente y la única mano disponible había pertenecido a una joven muchacha. Días después de la operación, va al médico a hacerse un control y el doctor le pregunta:
- ¿Y cómo le ha ido con su nueva mano?

- Bien doctor el único inconveniente es que cuando orino, la mano no me quiere soltar.

324.
Un oculista invita a un amigo a su casa, y en el living tenía un cuadro gigante con un ojo también gigante. El amigo le pregunta:
- ¿Y ese cuadro?
- Me lo regaló una paciente agradecida.
- Menos mal que no eres ginecólogo.

325.
El oculista le dice al paciente:
- ¿Qué letra es esta?
- La A , doctor
- No, hombre, esta.
- La A ,doctor.
- Le estoy preguntando, qué letra es esta.
- La A , pues, doctor.
El oculista se pone los lentes, se acerca a la pizarra y exclama:
- Mierda... es la A.

326.
Ante el especialista:
- Le juro, doctor, que me ha sido imposible penetrar a mi mujer.
- ¿Ha probado quitándole las panties?

327.
- Doctor, todo el día siento dolores arriba y abajo, arriba y abajo, la verdad es que ya no sé qué hacer, ¿será muy grave lo que tengo?
- No, hombre, no se preocupe. Lo que sube y baja son gases pero como usted tiene cara de culo, no encuentran

328.
- Señorita, abra la boca, que le voy a poner el termómetro.
- No, doctor, en la boca me da asco.
- Bueno entonces, ponga la axila.
- No, por favor, que me da cosquillas.
- Mire, señorita, existen solo tres formas de poner el termometro: en la boca, en la axila y en el recto.
- Bueno, prefiero en el recto. A los pocos minutos:
- Doctor, ¡¡ese no es el recto!!
- No se preocupe, porque este tampoco es el termómetro.

329.
- Oiga, doctor, vengo para que me baje la potencia sexual le dice el anciano . Pero, abuelito, le dice el médico, la potencia sexual es algo que esta aquí (indicándole la sien)
- Por eso, doctor, vengo para que me la baje.

330.
Una niña estupenda va a al doctor, cuando se desviste el doctor pone la oreja en el pecho y le dice:
- ¿Podría hacerme el favor de contar hasta dos mil quinientos?

331.
Un amigo le cuenta a otro:
- El otro día fui al médico porque sufro de insomnio, y me recetó unas pastillas que en realidad no me hicieron ningún efecto, así que opté por el antiguo sistema de contar ovejas, que saltan una valla; conté una, dos, tres, etc. Llegué a cinco mil, luego las esquilé, luego hice la tela, luego mandé a hacer trajes; como a eso de las 5 de la mañana tenía un déficit de 10 millones de pesos y ¿quién puede dormir cuando debe 10 millones de pesos?

332.
El ginecólogo, mientras examina a la paciente le dice:
- ¿Pero usted es feliz?
- Ay, doctor, usted ha puesto el dedo en mi problema.

333.
El médico dice:
- Lo que padece su esposo, señora, es de cuidado.
- ¿Y tiene cura, doctor?
- No, pero le conseguimos uno.

334.
Llega una madre con su hija a ver al doctor y él se dirige a la joven y le dice: A ver señorita, desnúdese.
- Pero doctor, es mi mamá la enferma.
- Entonces, a ver señora, saque la lengua.

335.
El doctor al paciente:
- Mi estimado, amigo, debo serle franco. Con la cantidad de cigarrillos que usted fuma, con el volumen de drogas que ingiere y el harén de rubias, morenas y pelirrojas que visita, usted acorta cada vez más sus días.
- Le encuentro razón, doctor, pero viera usted... ¡«Cómo alargo mis noches»!

336.
Entra una joven al consultorio del siquiatra y este le dice:
- Tiéndase en el sofá, señorita, por favor.
- No, doctor, gracias. Así empezaron mis problemas.

337.
Doctor, le agradezco mucho el viagra que me recetó, me siento como Superman; hago el amor con mucho más frecuencia que antes.
- ¿Y qué le dice su esposa?

- Nada doctor, porque desde que me lo recetó que no la veo.

338.
Un tipo le dice al siquiatra:
- ¿Puede un hombre enamorarse de una elefanta?
- Claro que no.
- Entonces, ¿quién querrá comprarme diez kilos de maní envueltos para regalo?

339.
La niña llama por teléfono a su médico y le pregunta:
- Doctor, ¿habré dejado ahí mis panties por casualidad?
- No, señorita, aquí no hay nada.
- Gracias, doctor, de seguro se me quedaron donde mi abogado.

340.
Dos médicos conversan en el pasillo del hospital:
- Oiga, colega, aquí entre nosotros, ¿Ud. nunca ha cometido un error grave con algún paciente?
- Claro que sí, colega, una vez tuve un paciente millonario y lo curé en la primera consulta.

341.
El dentista le dice a la paciente:
- Voy a tener que pasarle la máquina muy profunda.
- No, doctor, prefiero que me violen.
- Bueno, decídase para saber cómo acomodo el sillón.

342.
Dos niños llegan al consultorio del médico y uno le dice:

- Doctor, me tragué una bolita de cristal.
- Está bien te revisaré... y a ti ¿qué te pasa?, le pregunta al otro.
- A mí, nada, doctor, yo soy el dueño de la bolita.

343.
Doctor, ¿me irá a salir muy cara la operación?
- Mire, no se preocupe, no creo que la tenga que pagar usted.

344.
El tipo llega al doctor y le dice:
- Sabe, doctor, mi problema es que no puedo decir zapato.
- Como es eso hombre, yo le escucho que dice perfectamente zapato.
- Lo que pasa es que usted no me entiende, doctor, mire: Lunes, Martes, Miércoles, Jueves, Viernes, Zapato y Domingo...

345.
El dentista:
- Mi amigo, debe cambiar algunos hábitos que están perjudicando su dentadura. Dígame ¿por qué lado come usted?
- Por el lado de la Estación Central, doctor.

346.
En un laboratorio se escucha una tremenda explosión. Al poco rato aparece el químico-farmacéutico todo magullado y chamuscado, dirigiéndose a una cliente:
- Señora, ¿le podría pedir a su doctor que escriba la receta a máquina mejor?

347.
La secretaria le dice al siquiatra:
- Ahí está la señora que se cree coneja.
- Muy bien, que pase ella y sus quince hijos.

348.
El tipo llega a su casa y encuentra a su esposa totalmente desnuda y al médico tomándole el pulso en calzoncillos.
- ¿Y usted que hace? le pregunta el marido.
- Estoy auscultando a su señora.
- Está bien, ¿pero por qué en calzoncillos?
- Discúlpeme, pero eso es secreto profesional.

349.
- Tengo una muy buena noticia que darle, señora, le dice el doctor.
- Señorita, tenga la bondad.
- Entonces, tengo una muy mala noticia que darle, «Señorita».

350.
Mientras examinaba una radiografía, el doctor le dice al paciente:
- Y dígame señor Pérez, ¿cuál es su signo del zodiaco?
- Cáncer, doctor.
- Mire usted, qué coincidencia.

351.
Te lo ruego, no me escribas más cartas de amor en tus recetas usadas. El otro día, mi madre se molestó mucho con aquella que comenzaba: «te recomiendo cinco días de cama».

352.
El doctor le dice a la joven pareja:
- Si no desean tener hijos, deben tomar jugo de limón.

- ¿Antes DE o después DE, doctor?
- No, en vez DE.

353.
Al día siguiente de la operación, el doctor le pregunta a la enfermera:
- ¿Cómo amaneció el enfermo al que le cortamos las piernas, señorita?
- Un poco más chico, doctor.

354.
Señor ¿Usted viene a ver al médico? pregunta la secretaria.
- No, señorita, yo vengo para que el médico me vea a mí.

355.
El doctor al paciente:
- Mire, señor Pérez, yo me ofrezco....
- Pues, yo no, doctor...
- ¿Usted no, qué?
- Pues yo no meo fresco, doctor, meo tibiecito.

356.
- Oiga, doctor, ¿qué puedo hacer para que mi hija no tenga los ojos tan saltones?
- Muy fácil señora, aflójele el moño.

357.
A la casa de un doctor, llega un tipo todo mojado, como a las dos de la mañana y le preguntó si le podía acompañar hasta un pueblo vecino. El doctor soñoliento, le dijo:
- Eso está muy lejos y el camino está lleno de barro, así que tendré que cobrarle cinco mil pesos.
- Se subieron al auto y partieron, al llegar a la casa el doctor preguntó:
- ¿Y dónde está el enfermo?

- No hay ningun enfermo, doctor, lo que pasa es que hice parar un taxi y el desgraciado me cobraba diez lucas.

358.
Usted está muy mal de los riñones, le dice el médico al paciente.
- Sí, doctor, es por culpa del cigarrillo.
- ¿Cómo es eso,hombre? ¿Qué tiene que ver el cigarrillo con los riñones?
- Lo que pasa doctor es que yo soy tan pobre, que llevo cuarenta años agachado recogiendo colillas.

359.
- Doctor, doctor, que se me juntan las letras.
- Y qué querís que te las pague yo desgraciado.

360.
- Doctor, doctor, quisiera unos lentes con vallas
- ¿Con vallas?
- Sí, es que tengo los ojos saltones

361.
Doctor, doctor, el pelo se me está cayendo, ¿me puede dar algo para conservarlo?
- Sí, claro, aquí tiene una caja de zapatos.

362.
Doctor, doctor, tengo diarrea mental.
- ¿Y usted cómo lo sabe?
- Porque últimamente, todo lo que se me ocurre resulta ser una mierda.

363.
- Doctor, tengo paperas.
- Pues, tome una luca más y ya tiene pa' platanos.

364.
- Doctor, he notado que tengo tendencias suicidas, ¿qué puedo hacer?
- Bueno, antes que nada... págueme.

365.
- Doctor, no puedo recordar nada.
- Vaya, y desde cuándo tiene usted este problema?
- ¿Desde cuando qué, doctor?

366.
- Oiga, doctor, dígame la verdad. Después de la operación ¿podré tocar la guitarra?
- Sí, hombre, perfectamente.
- Qué bueno, doctor, porque antes no sabía.

367.
- Sabe doctor, cuando me tomo un café me duele el ojo.
- ¿Ha probado usted con sacar la cuchara de la taza?

368.
- Doctor, doctor, cuando estaba soltera tuve que abortar seis veces, pero ahora que estoy casada no consigo quedar embarazada.
- Evidentemente, usted no se reproduce en cautiverio.

369.
Un veterinario va a ver al médico.
- Doctor, doctor, me duele aquí.
- A ver...hmmm... tendremos que hacer un análisis de sangre y otro de orina, para ver si...
- Pero, ¿qué dice? Yo soy veterinario, y me basta echar un vistazo a mis animales para saber qué es lo que tienen.
- Bueno, yo me imagino lo que es esto, si quiere le doy la receta ya y si las cosas no van bien le sacrificamos.

370.
- Doctor, me gustaría vivir mucho tiempo.
- Hmm... veamos, ¿usted fuma?
- Sí.
- Bueno, a partir de ahora, se ha acabado el fumar para usted. El tipo asiente.
- ¿Usted bebe?
- Un poco, doctor.
- Nada de alcohol. Sólo agua. El pobre hombre lo mira asustado.
- ¿Usted es casado?
- Sí.
- Bueno, a partir de ahora no vuelva a tocar a su esposa. Nada de sexo en lo sucesivo. El tío pone cara de preocupado.
- ¿Y qué tal come?
- Pues, lo normal...
- Nada de eso. Le voy a recetar una dieta a base de verduras que...
- Oiga doctor, pero todo esto realmente ¿hará que viva más?
- La verdad es que no, pero lo que le quede de vida le parecerá una eternidad.

371.
Doctor, doctor, veo elefantes azules por todas partes.
- ¿Y ha visto a algún psicólogo?
- No, sólo elefantes azules, doctor.

372.
Un tipo que tiene un enorme aparato, pero es tartamudo, va al médico.
- No-no-no-noctor, no-do-doc-tor, 'k-k... que'n... que'n-no p... p... pue-doha ha... ha-blar. El médico le examina y le dice:
- Mire, siento decírselo, pero la razón por la que usted

tartamudea es que tiene demasiado grande el aparato, habría que reducirlo.
- P...p... p-pues 'k... 'k... cor...cor't... 't ...hng,hng... 'te-laaaah, 'p... 'p... 'pooor f-f-favooooo-or. Se hace la operación.
- Doctor, qué maravilla, ya puedo hablar como todo el mundo, qué felicidad, le debo la vida.
- No es nada hombre, qué agradece. Pero el mismo tipo vuelve a las dos semanas.
- Doctor, ya no atraigo a ninguna mujer, mi vida sexual es una porquería, por favor, déjeme como estaba.
- 'N... 'n-n... 'niha- ha- 'hablaaaar, 'ho... 'hombreeee !

373.
Una joven pareja va al médico y le dicen:
- Verá, doctor, es que estamos teniendo problemas con nuestra vida sexual, y quisiéramos que usted nos viera para darnos alguna sugerencia.
- Pero yo no soy un especialista, ustedes tendrían que...
- Lo que pasa es que confiamos en usted.
- Bueno, veamos... La pareja se echa un tremendo polvo y al acabar el doctor les dice que todo le ha parecido bien y que no ve ningún problema. Los dos se van muy contentos, pero vuelven la siguiente semana, y la otra, y la siguiente, hasta que al final el doctor les pregunta :
- La verdad es que no entiendo, ustedes vienen todas las semanas, pagan la consulta y la verdad es que no tienen nada malo...yo creo que esto no les conviene
- Claro que nos conviene, doctor, yo le voy a explicar: si lo hacemos en mi casa nos puede pillar mi mujer y si lo hacemos en la suya nos puede pillar su marido. Irnos a un hotel es demasiado caro. En cambio, venir a su consulta nos cuesta 20 lucas y además la Isapre nos devuelve el 80 por ciento.

374.

A un pueblo del Oeste llega una carreta y un tipo con pinta de charlatán empieza a hacer propaganda de una poción que, supuestamente, le conserva joven a pesar de que tiene más de trescientos años. Un campesino se acerca a uno de sus ayudantes y en tono de duda le pregunta:
- Oiga, ¿ es verdad que este tipo ha vivido más de trescientos años ?
- Mire, no lo sé, yo sólo llevo doscientos años trabajando con él.

375.

Un tipo va donde un dentista y pregunta: ¿Cuánto me pide por extraerme una muela?
- Cinco mil pesos sin dolor y 50 mil con dolor.
- Obviamente prefiero la extracción de cinco mil.
- Como no, abra la boca.
- Hey, oiga, me está doliendo.
- Calladito, calladito, que le cobro 50 mil...

376.

Se escucha la siguiente conversación:
- ¿De quién es esa boquita? ¿y esos ojitos? y esa naricita tan linda ¿de quién es?   y una voz femenina responde:
- No sé, doctor. En esta morgue hay un desorden que nadie entiende...

377.

Un tipo va donde un charlatán que decía ser médico homeópata y le dijo: Doctor, tengo un terrible dolor a la espalda. El falso médico sacó un frasco lo abrió y le dijo:
- Respire usted profundamente. El enfermo respira con fuerza y él le dice: Muy bien, está usted curado. El tipo asombrado le pregunta:

- ¿Cuánto le debo?
- Son $5.000.
- Saca un billete del bolsillo se lo pone en las narices y le dice: Respire usted profundamente... está pagado.

378.
La señora le dice al doctor:
- ¿No encuentra que están muy altos sus honorarios?
- No creo, señora, recuerde que tuve que hacer 12 visitas cuando su hijo tuvo el sarampión.
- Sí, pero debería hacerme una rebaja, recuerde que mi niño fue el que contagió a todo el barrio.

379.
- ¿Cómo está mi hijo, doctor ? pregunta una señora.
- Bastante mal, desgraciadamente, contesta el médico.
- Y tan inteligente que es, fíjese que a los 20 años ya tiene varios títulos: perito industrial, perito agrícola, perito en economía...
- Mire qué casualidad, le dice el doctor, porque está a punto de morirse de peritonitis.

380.
El anciano doctor le dice al paciente:
- ¡Vaya, vaya!...¡Tiene usted la lengua muy sucia!
- Perdone doctor. Lo que usted me está mirando es la corbata.

381.
Muere un médico y se va al cielo. Se dispone a esperar, pero San Pedro al verlo le señala otra puerta y le dice:
- Proveedores entran por allá.

382.
Doctor, ¿me puedo bañar con diarrea?
- Hombre, si la mierda le alcanza...

383.
- ¿Cómo puedes distinguir un termómetro oral de otro anal?
- Por el sabor.

384.
¿Qué es peor que ir al médico y que te diga que tienes una enfermedad venerea?
- Que te lo diga tu dentista.

385.
¿Qué es lo mejor de la enfermedad de Alzheimer?
- Que haces nuevas amistades con las enfermeras todos los días.
Si estás casado, todos los días vas a conocer a una mujer nueva, te la vas a llevar a la cama , y nunca más vas a volver a saber nada de ella.

386.
Un tío va al médico y no para de tirarse pedos.
- Doctor (prat), doctor (prrrrtz), tengo un terrible (fluf) problema, no puedo dejar de (plopf) tirarme pedos (prrrrat).
- A ver, desnúdese y túmbese en esa camilla. El doctor le examina durante unos momentos, mientras el paciente sigue sonando, se levanta, va a un armario y saca un instrumento metálico alargado, con un mango en un lado y un gancho en el otro, y una rara curva en medio. El paciente pregunta asustado:
- Doctor, (plaam), doctor, qué (prrff) va a hacer ?
- Abrir la ventana, chucha tu madre.

387.
Un hombre va al médico y le dice:
- Doctor, tengo un problema muy serio.
- A ver, ¿cuál es?
- Pues que me tiro unos pedos tremendos. Y lo raro es que

no huelen mal...
- Oiga, es algo bien raro, porque siendo tan grandes tendrían que apestar.
- A ver, a ver, tírese uno. El hombre se tira uno tan fuerte que empiezan a retumbar los cristales, se mueven las lámparas, vuelan los papeles, empiezan a temblar los muebles y el pedo continúa. Al cabo de unos segundos aparecen grietas en las paredes y el edificio se resquebraja y finalmente se hunde. Después de unos minutos, el terremoto anal acaba. El paciente se queda mirando alrededor tratando de buscar al doctor entre los escombros, cuando de repente sale su cabeza de debajo de una piedra y dice:
- Hay que operar... urgente...
- ¿Del ano, doctor?
- No, de la nariz, desgraciado.

388.
El tipo le dice al doctor: ¿Cómo salió mi hijo de la circuncisión?
- La verdad es que se me anduvo pasando un poquito el bisturí, pero nada serio.
- Pero, ¿Podrá casarse, doctor?
- Con un hombre, sí.

389.
Un doctor le pregunta a otro:
- ¿Conoces el caso de esa enfermera que se tragó un bisturí? Se hizo ella solita una traqueotomía, una apendicectomía, una histerectomía, y además circuncidó a todos los doctores del turno de noche.

AMIGOS

Eran tan amigos que salían abrazados en la foto carnet...

390.
Un tipo va de visita a casa de un amigo y como se le hace tarde tiene que quedarse a dormir ahí; el único inconveniente era que el amigo era recién casado y tenía una sola cama, así es que tuvieron que dormir los tres juntos. Al otro día el tipo agradecido se despide y le dice a su amigo:
- Mira, yo te estimo mucho, así que no me puedo ir sin decirte algo; tu mujer es una sinvergüenza, estuvo toda la noche agarrándome de ahí.
- No, compadre, si el que lo tenía agarrado de ahí era yo, por si las moscas.

391.
Un joven quedó cesante y decidió ir a conseguir trabajo con su amigo que era dueño de un supermercado, el amigo lo atendió y le dijo que el único trabajo que le podía ofrecer era como vendedor pero que tenía que aprender porque ahí todos eran vendedores estrellas. Le explicó que ningun cliente se iba con lo que venía a comprar sino que siempre había que venderle algo más. Le dijo que pusiera atención cómo el atendía a una clienta que venía entrando y que si aprendía le daba el puesto. Llegó la señora y el dueño le pregunta que qué se le ofrece.Ella le contesta que solo quiere un limpia-vidrios, - pero señora llévese además un lustra-muebles porque Ud. va a limpiar los vidrios y le van a hacer contraste con los muebles que están todos sucios ...La señora se queda pensando y le dice convencida:

- Bueno, tiene razón, déme el lustra muebles. El dueño le pregunta al amigo si había aprendido cómo se vendía y éste le respondió afirmativamente.
- Bueno, entonces atiende tú a esa otra señora que viene entrando. El joven se le acerca y le pregunta en qué la puede atender. La señora le responde que quiere un tampax y él le dice:
- ¿Por qué no aprovecha de llevar un limpiavidrios y un lustramuebles?
- ¿Y para qué quiero un limpia-vidrios y un lustra-muebles?
- Claro, ya que va a estar una semana sin hacer el amor aproveche de hacer aseo profundo en la casa.

392.
Dos amigos que andaban de parranda deciden divertirse a costa de un empleado de una gasolinera, así que le dicen:
- Oiga compadre, como estos autos japoneses son tan económicos, queremos que le eche, cinco gotas de aceite y diez gotas de gasolina. Y el empleado les contesta:
- ¿Y por qué no se esperan un ratito por si me dan ganas de tirarme un pedo? ¡así aprovecho de inflarle los neumáticos!

393.
- ¿Cómo le ha ido, compadre?
- Mal, compadre, puras tragedias.
- ¿Qué le pasa compadre?
- El otro día llegué a la casa y encontré a mi mujer con otro, y más encima tuve que sacarlo en brazos porque era inválido.

394.
Dos amigos deciden irse de camping a un lugar muy lejano pero cuando llegan se dan cuenta que habían llevado un solo saco de dormir. Con muchas dudas por parte de

uno de ellos, deciden dormir en el mismo saco ya que era de tamaño matrimonial. No tuvieron mayores problemas los diez primeros días, pero en el día once uno estaba roncando cuando siente algo por detrás, se despierta y le pregunta al amigo:
- Pedro, Pedro, oye, perdona que te pregunte pero, ¿me lo estás metiendo?
- Cómo se te ocurre estás soñando, sigue durmiendo. Al ratito vuelve a sentir lo mismo y le dice:
- Pedro ¿qué te pasa? ¡me lo estás metiendo!
- Sigue durmiendo, estás con alucinaciones. Al cabo de un rato lo mismo y el tipo reacciona más fuerte:
- Pedro, para, somos amigos y me lo estás metiendo.
- Bueno, le dice Pedro, si apelas a la amistad tengo que decirte que como llevamos más de diez días solos la verdad es que te lo estoy metiendo pero si quieres te lo saco.
- No, no me lo saques, pero no me mientas.

395.

Un amigo me dijo que le estaba yendo tan mal en su negocio que el otro día había llegado un tipo a cambiarle un billete de 10 mil pesos y lo había hecho socio.

396.

Dos amigos se encuentran después de muchos años y uno le cuenta al otro:
- Pues yo después de veinte años de casado, he vuelto a hacer el amor como un joven.
- ¡Qué suerte! A mí la vieja apenas me hace caso. ¿como lo haces tú?
- Ya te lo dije, como un joven, con la mano.

397.

Se encuentran dos amigos y uno le dice al otro:
- ¿En qué estás trabajando tú?
- Yo le adivino el futuro a los niños.

- ¿Y cómo es eso?
- Aquí tienes mi tarjeta, lleva a tus niños y allá te explico.
- Así lo hizo. Al mayor que tenía ocho años le puso la mano sobre la cabeza y le preguntó: ¿con qué te gusta jugar a ti?
- Con autitos, contestó.
- Este niño va a ser mecánico.
- Pero eso es muy fácil, a ver, adivínale a este que tiene seis años.
- Y a ti ¿con qué te gusta jugar?
- Yo hago casitas
- Este va a ser arquitecto.
- Aquí te pillé, adivínale al bebé que tiene seis meses, toma el bebé en brazos le toca la cabeza y le dice:
- Este va a ser representante de artistas.
- ¿Y cómo lo supiste?
- Es que hace 5 minutos que lo conozco, y ya me cagó el desgraciado.

398.
El tipo venía todo vendado y el amigo le pregunta:
- ¿Qué te pasó?
- Me caí del bus y me rompí el brazo, contestó.
- Qué mala suerte.
- No creas, porque un poco más adelante, el bus chocó, y no se salvó nadie. A los días después, se volvieron a encontrar y nuevamente el tipo venía vendado, esta vez, de una pierna;
- ¿Y ahora qué te pasó?
- Fue en el ascensor, iba entrando y se cerró la puerta atrapándome la pierna.
- Ahora no me vas a decir que tuviste buena suerte.
- Claro que sí, porque el ascensor se cayó y no se salvó nadie. A la semana, vuelve otra vez vendado, pero esta vez de la espalda.
- ¿Y ahora qué?

- Estaba haciendo el amor con mi señora, cuando de pronto me cayó la lámpara en la espalda.
- ¿Y eso es tener suerte?
- Claro, porque si cae un minuto antes me rompe la cabeza.

399.
Dos amigos entran a un baño público y se sientan en casetas vecinas; al rato uno le dice al otro:
- Oye, ¿hay papel higiénico en tu baño?
- No, le contesta el otro.
- ¿Y no compraste el diario, pa' que me convides una hojita?
- No, no lo compré.
- Entonces, porque no me cambias un billete de 10 mil.

400.
- Oye, no comas más pasteles que vas a reventar
- Pues dame otro y apártate.

401.
Una amiga le dice a su amigo:
- Fíjate que acabo de donar el cerebro a la ciencia.
- Te felicito, ¿y qué planes tienes para hoy con el resto del cuerpo?

402.
¿Qué hacía en ese hospital, compadrito?
- Es que acaban de operar al tuerto Bellavista.
- ¿Y de qué lo operaron?
- No me va a creer... le sacaron el otro ojo.
- ¡Pobre! ¿y qué dijo al despertar?
- ¡Buenas noches!

403.
Dos tipos se encuentran en la calle y uno le dice al otro:
- ¡Hola, Pedro García! ¡Pero cómo has cambiado, hombre! Antes eras tan flaco y ahora estás tremendamente gordo y tenías el pelo negro y ahora lo tienes rubio, ¡pero cómo has cambiado! Pedro García, hombre.
- El tipo le queda mirando y le dice: Discúlpeme señor, pero yo no me llamo Pedro García.
- No me vas a decir que también te cambiaste el nombre.

404.
- Oye, ¿y de qué murió tu papá?
- De cataratas.
- ¿Lo operaron?
- No, lo empujaron.

405.
Va pasando una estupenda muchacha y un amigo le dice al otro:
- ¿Qué podré hacer para tener a esa mujer a mis pies?
- Muy fácil, deja caer un billete de diez mil.

406.
Un amigo dice a otro:
- ¿Cómo te ha tratado la vida?
- Bien, ¿te acuerdas que yo era una fiera para las matemáticas?
Pues me recibí de arquitecto, ¿y tú?

- Bueno, yo también gracias a las matemáticas soy millonario. Compré un número de lotería terminado en veintidós y me convertí en nuevo millonario.
- ¿Y cómo sacaste matemáticamente el numero veintidós si tú eras tan malo en ese ramo?
- Haciendo la suma de mis gatos: tengo dos angoras y dos siameses y como dos más dos son veintidós...

407.
Un amigo le dice a otro:
- Tengo tantos problemas que duermo como un bebé.
- ¿Y cómo es eso?
- Me despierto cada dos horas llorando y orinado.

408.
Tres amigos conversan sobre la forma de hacer dinero; el primero dice:
- A mí me habría gustado inventar la televisión, porque el 70% de la población la ve.
- A mí, dice el segundo, me habría gustado inventar el automóvil, porque el 50% de las personas tienen uno.
- Pues yo, dice el tercero, me habría conformado con el papel higiénico.

409.
Un amigo a otro: ando con toda la mala suerte.
- ¿Y qué te pasó?
- Venía atrasado así que tomé un taxi y cuando venía llegando le dije al taxista: estaciónese en la mano derecha.
- ¿Y qué pasó?
- Que el desgraciado me hizo pedazo los dedos.

410.
Un amigo a otro: no te imaginas la suerte que tiene mi mujer, fíjate que el otro día se encontró un anillo de oro y

era justo de su tamaño, después se encontró un abrigo de piel y también le quedó justo.
- Caramba, qué buena suerte.
- En cambio yo, el otro día me encontré unos calzoncillos debajo de mi cama y me quedaron grandes.

411.
¿Qué le pasó en el ojo que lo trae morado, mi amigo?
- ¡Ay!, es que comí mucho, señor.
- ¿Pero qué tiene que ver que haya comido mucho con el ojo morado?
- ¡Es que comí mucho más de lo que podía pagar!

412.
Un amigo le pregunta a otro:
- ¿Y qué es de tu compadre, el que se ganó el premio de un pasaje a Europa?
- Allá está hace cuatro años, tratando de ganarse otro concurso para poder volver.

413.
Un amigo a otro:
- Oiga, compadre, ¿por qué dice que el sida es como la iglesia de su pueblo?
- Porque no tiene cura, compadre.

414.
- ¿Qué le pasó, amigo?
- Es que murieron mi padre y mi madre. Por eso, a cada lado, llevo una cinta negra en su recuerdo.
- Pero ¿y por qué los brazos abiertos?
- ¡Bueno, porque mis padres estaban separados!

415.
Dos amigos, acostumbraban hacerse bromas pesadas y uno de ellos llamó al otro y le dijo:

- Oye, Juan, ¿no es cierto que este año fuiste a veranear a Mar del Plata?
- Sí, contesta el amigo.
- Y, ¿no es verdad que ahí conociste a una vieja y fea ricachona?
- También es cierto.
- Y, ¿no es verdad que le hiciste el amor y luego te hiciste pasar por mí y le diste la dirección para que me escribiera?
- Sí, es verdad, pero no te vayas a molestar por eso, si era una broma.
- Y ¿quién te ha dicho que me molestó? La vieja se acaba de morir y me dejó toda su fortuna.

416.
Un amigo se encuentra con otro y al verlo cabizbajo le dice:
- ¿Qué te pasa? ¿Has perdido algo?
- No, todo lo contrario. Voy a ser padre.
- Entonces, ¿por qué andas con esa cara de amargado?
- Es que no sé cómo decírselo a mi esposa.

417.
Un tipo le dice a otro:
- Siempre me acuerdo del chiste del asno que me contó usted el año pasado.
- ¿Tanta gracia le hizo?
- No se imagina. Cómo será que cada vez que veo un burro, me acuerdo de usted.

418.
Un amigo le dice a otro:
- ¿Sabes que aparecieron unas nuevas pastillas para la potencia sexual? Claro que tienen un solo inconveniente.
- ¿Cuál es?
- Que si las ingieres demasiado despacio, puedes quedar con el cuello tieso.

419.
Un amigo le cuenta a otro:
- Ayer mi hermano dio el primer paso en el camino que conduce al divorcio.
- ¿Alguna discusión, algún problema serio?
- No, hombre, se casó.

420.
Un amigo le comenta al otro:
- Al morir Álvarez le dejó todo lo que tenía a un asilo de huérfanos.
- ¿Sí? ¿Y qué le dejó?
- Pues, sus doce hijos.

421.
Un tipo viene saliendo de la consulta del dentista y el amigo le dice:
- ¿Y por qué te sacó tres muelas si a ti te dolía solo una?
- Porque el desgraciado no tenía vuelto.

422.
Juan regresa a casa y encuentra a su mujer en brazos de su mejor amigo, Pedro.
- ¡Qué barbaridad, no lo puedo creer! Tú con mi mujer... No entiendo... Dime, Pedro, yo estoy obligado, pero tú, ¿por qué?

423.
A un amigo mío le decían el teléfono, porque, o estaba ocupado o cuando hacía contacto a los tres minutos dejaba de funcionar.

424.
Un tipo viene regresando de Europa y el amigo le dice:
- ¿Cómo te fue en Europa, Juan?
- Fantástico y, además, tuve una experiencia inolvidable e

increíble con una mina.
- ¿Y era buena?
- Buenísima.
- ¿En la cama?
- Una fiera. La conocí en el barco, nos gustamos y... Me la llevé al camarote. Pasamos una noche increíble, una de las mejores de mi vida.
- ¡qué envidia!
- sí, pero espera, falta algo... A la mañana siguiente nos pusimos a conversar y resultó que era la mujer de uno de mis mejores amigos de la infancia! ¡nos pusimos a llorar desconsoladamente!
- ¿Y después qué hicieron?
- No me digas nada, fueron 15 días de locos, meta tirar y llorar, tirar y llorar.

425.

Dos amigos en el póker:
- ¿Qué harías si descubrieras que un tipo hace trampas en el juego?
- ¡Apostar a su favor!

426.

Un amigo a otro:
- Oye, ¿tendré que llevar los condones limpios o es una fiesta informal?

427.

- Deberías ir al ballet para cultivarte ahora que eres millonario, le dice el amigo al nuevo rico.
- Está bien, te haré caso, contesta de malas ganas. A los días se encuentran y el amigo le preguntó:
- ¿Qué te pareció el ballet? ¿No crees que es gente muy culta?
- Mira, no sé si es culta o no, pero sí me pareció gente muy respetuosa; fíjate que mi mujer que es más bruta que yo se puso a roncar antes de que empezara, y los bailarines que seguramente se dieron cuenta, bailaron toda la noche en la punta de los pies.

428.

Un amigo a otro:
- Yo tenía un tío que se hizo millonario escribiendo un libro de ajedrez, y todo gracias al título.
- ¿Y cómo lo tituló?
- «Aprenda más de cien posiciones».

ANIMALES

Estos chistes son caballos, pero en algunos nos vamos al chancho...

429.
Una gatita a otra:
- Yo quiero que mis gatitos salgan al papá, con unos ojos grandes y almendrados y unos bigotes enormes.
- ¿Y los tuyos cómo serán?
- No sé, porque ese día tenía la cabeza dentro de un tarro.

430.
- ¿Sabes en qué se parecen una esposa a un dóberman?
- En que los dos gruñen por cualquier cosa, ladran todo el día y por la noche desconocen al dueño de casa.

431.
El granjero y su vecina contemplan cómo un toro monta a una vaca y él le dice:
- Cómo me gustaría hacer lo mismo que el toro.
- Hágalo cuando quiera, le dice la vecina, total la vaca es suya.

432.
Estaba la elefanta con sus tres hijos y les pregunta cómo les gustaría ser cuando grandes. El primero dice:
- Yo quisiera tener unos colmillos bien grandes.
- ¿Y para qué?, pregunta la mamá.
- Para pelearme con leones, tigres y vencerlos.
- A mí, dice el segundo, me gustaría tener la trompa bien larga.

- ¿Sí? ¿Y para qué?
- Para agarrar los árboles y arrancarlos con mi fuerza.
- Y tú ¿qué deseas? le preguntan al tercero.
- Yo quiero tener las pestañas bien largas.
- Y ¿para qué?
- No se, mariconerías mías, mamá.

433.

A un gallinero de campo trajeron una gallina de raza que se paseaba ufana entre las ordinarias que habían en el lugar. Un día se pusieron a conversar y una le preguntó:
- ¿Oye, por qué a ti te cuidan tanto y andan todo el día preocupados los dueños?
- Lo que pasa es que gracias a un alimento que me dan, yo pongo los huevos tres veces más grandes que ustedes, por lo tanto ellos ganan mucho más. Si quieren les convido de mi alimento así pondrán los huevos más grandes y los dueños las tratarán mejor.
- ¿Estás loca? ¿Tú crees que para que estos huevones se hagan ricos yo me voy a estar rompiendo el culo?

434.

¿Sabes cuántos elefantes se necesitan para hacer el amor?
- No sé.
- Tres, un macho una hembra y el otro atrás diciendo: «Un poquito a la derecha ahora a la izquierda déle déle...»

435.

Un tipo le dice al otro:
- Mira, ando vendiendo este perro ordinario en diez mil pesos.
- Oye, ¿y tu crees que alguien te va a dar diez mil pesos por ese animal roñoso?
- Ya vas a ver cómo lo vendo en esa cantidad. A los días se encuentran y el amigo le pregunta:
- ¿Y, vendiste el perro?

- Sí, le dice, y en diez mil pesos, como yo quería.
- ¿Y te dieron los diez mil constantes y sonantes?
- No, hombre, pero me dieron cinco gatos de dos mil cada uno, que son una maravilla.

436.
- Papá, ¿por qué los gallos cantan?
- Se dice que cada vez que alguien miente, canta un gallo.
- ¿Y entonces por qué cantan a las tres de la mañana, cuando todos están durmiendo?
- Porque a esa hora se imprimen los diarios.

437.
El niñito está llorando porque le atropellaron a su perrito. Se acerca una señora y le pregunta:
- ¿Qué te pasa, hijo?
- Es que un camión mató a mi perrito, y yo lo quería mucho.
- Sí, pero tienes que conformarte. Por ejemplo a mí, se me murió mi abuelito la semana pasada y a pesar de que lo quería mucho, he tenido que conformarme.
- Sí, pero es que a usted no se lo regalaron de cachorrito.

438.
Conversan dos preciosas ovejas de alta alcurnia:
- ¿Qué es de tu novio, el chiporro magallánico?
- Lo dejé, linda, cuando descubrí que andaba conmigo sólo por mi lana.

439.
¿Qué te pasa que tienes tanto sueño?
- Lo que pasa es que al almuerzo comí pollo.
- ¿Y eso qué tiene que ver?
- Es que mi señora es tan sentimental, que antes de matar los pollos, los anestesia.

440.
Un tipo estaba entretenido contando: 94, 95, 96, 97, 98, 99, mierda un ciempiés.

441.
- Disculpe, garzón, pero esta carne de buey está tan dura que no puedo partirla.
- Lo que pasa, señor, es que el buey se acabó hace rato, lo que usted se está sirviendo ahora es la carreta.

442.
Un perro y un gato estaban jugando póker. Al rato el gato le había ganado al perro todo lo que tenía, entonces, este muy intrigado preguntó:
- ¿Cómo lo hiciste para ganar todas las partidas?
- La culpa es tuya, porque cada vez que te salía algo bueno, te ponías a mover la cola.

443.
Un amigo a otro:
- Acabo de llegar del África y en la selva no se podía entrar de 4 a 6.
- ¿Y por qué?
- Porque los elefantes practicaban paracaidismo de 4 a 6.
- ¿y sabes por qué los caimanes son planos?
- No tengo idea.
- Porque entraban a la selva de 4 a 6.

444.
El inspector le dice al criador de cerdos:
- ¿Con qué los alimenta?
- Con zanahorias.
- Le voy a multar, porque pueden tener cólera, y se fue. Al tiempo después, volvió y le dijo:
- ¿Ahora con qué los alimenta?
- Con avena.

- Le voy a tener que volver a multar, porque la avena está en mal estado. Pasó el tiempo y volvió a aparecer el inspector y preguntó:
- Y ahora ¿con qué los está alimentando?
- Con nada, señor, ahora les doy unos mil pesos a cada uno y que ellos coman lo que quieran.

445.
La mujer se levanta, abre las cortinas, se acerca a la jaula del loro, le saca la funda que cubre la jaula y en eso suena el teléfono y le dicen que debe salir inmediatamente. Va hasta la jaula nuevamente, le pone la funda, cierra las cortinas y se va y de adentro de la jaula se escucha al loro que dice:
- Putas, el día pa' corto.

446.
- ¿Por qué quieres botar a tu perro? Cualquiera quisiera que su perro le llevara el diario a la cama todos los días.
- Sí, pero este perro desgraciado, cuando me entrega el diario ya ha resuelto el crucigrama.

447.
Está a punto de iniciarse la carrera en el hipódromo y hay un tipo dándole de comer unos terrones de azúcar que contienen drogas a un caballo. El inspector se da cuenta y le pregunta:
- ¿Qué le esta dando al caballo?
- Azúcar, le contesta.
- A ver déjeme probar y le pide un terrón. Es verdad que es azúcar, dice el inspector, ¿me podría dar otro?
- Cómo no y le da tres terrones más, el inspector se los come y se va y el tipo le dice al caballo indicándole la pista:
- Y ahora, a correr, que el único que nos puede ganar es el inspector.

448.
Un ciego va por la calle con un perro guía muy inteligente, que le ayuda a cruzar la calle, lo detiene cuando cambia el semáforo, lo empuja cuando van pasando cerca de un hoyo para que no se caiga, etc. y había un tipo observándolo y lo empezó a seguir. Al rato, el perro levantó la pata y se puso a orinar en la pierna del ciego y éste sacó un caramelo y se lo ofreció al animal. El tipo no aguantó más la curiosidad y le preguntó:
- Disculpe, señor, pero lo vengo observando y encuentro fantástico a su perro, pero lo que no entiendo es por qué después que él le orinó la pierna usted lo premia ofreciéndole un caramelo. El ciego le contestó:
- No, señor, si no lo estoy premiando, le doy el caramelo para saber donde tiene el hocico, y así pegarle una patada en el culo a este desgraciado.

449.
Un jugador empedernido, le cuenta a otro:
- Estuve soñando toda la semana con cebollas, aceitunas y pasas, así que me fui al hipódromo y le jugué todo lo que tenía a tres yeguas que se llamaban, una cebolla, la otra aceituna y la otra pasa.
- ¿Y ganó alguna de ellas?
- ¡No, compadre, ganó una yegua desgraciada que se llamaba «Empanada».

450.
Un tipo va por el campo en un auto último modelo y ve a un campesino montado en una vaca, se acerca a él y le dice:
- Oiga amigo, esa vaca corre casi igual que un caballo y el huaso le contesta:
- Está equivocado, patrón, esta vaca corre mucho más rápido que un caballo y si quiere comprobarlo, amarrémosla al auto y verá. Efectivamente, así lo hicieron y el tipo

aceleró a 50 km./hora y la vaca corría detrás como si nada. Aceleró a 80 Km. y la vaca seguía corriendo. Aceleró a 100 Km. y al mirar por el espejo vio que la vaca traía la lengua afuera así que le dijo al huaso:
- Voy a parar porque la vaca trae la lengua afuera.
- ¿La trae hacia abajo o hacia el lado? dijo el huaso.
- Hacia el lado, contestó el tipo.
- Entonces, acelere patrón, porque viene señalizando pa' adelantar.

451.
Un tipo va pasando por una feria y hay una carreta con un caballo amarrado a un árbol, cuando de pronto el caballo le dice:
- ¡Qué calor hace hoy ! El tipo asombrado le contesta:
- Sí, en realidad.
- Imagínese, yo amarrado aquí todo el día y además tengo que tirar la carreta durante toda la semana y como si esto fuera poco, mi amo, el fin de semana, me arrienda para que ande trayendo niños en la playa. El tipo, sin salir del asombro, le pregunta:
- ¿Y tu amo sabe que tú hablas?
- No, pero por favor no se lo diga porque capaz que me obligue a gritarle las verduras.

452.
Un tipo va paseando un perro y un transeúnte le pregunta:
- ¿Es muy inteligente su perro?.
- Sí, mucho, le dice orgulloso, tanto es así que cuando yo lo llamo le digo: Fido ,¿vienes o no vienes?
- ¿Y él qué hace?
- Bueno, primero lo piensa un poco y luego decide si viene o no viene.

453.

Un gatita muy refinada llega a un barrio ordinario. Apenas la ve un gato vagabundo y fresco trata de llevársela para los tejados y aprovecharse de la gatita altanera y engreída. El gato lanzado le dice:
- ¿Qué te parece si vamos a dar una vuelta por los techos?
- No se dice techos, se dice tejados.
- Bueno, como tú dices, pero vámonos por esta vereda.
- No se dice vereda, se dice acera. Entonces, el gato molesto, trata de irse, pero la gatita lo detiene:
- No te enojes, gato, que sólo me gusta hablar correctamente. ¿Qué te parece que para superar este bochorno vamos a coger ratones? Y el gato le responde:
- No se dice vamos a coger ratones, se dice vamos a coger un rato.

454.

Siempre que el tipo pasaba frente al loro de la esquina, este le decía:
- ¡Adiós, mariquita! El tipo estaba súper molesto. Así que un día se disfrazó de bombero, para engañar al loro, pero igual le dijo:
- ¡Adiós, mariquita! El tipo se disfrazó entonces de pirata, con pata de palo y parche en el ojo, pero igual le dijo:
- ¡Adiós, mariquita! Por último, ya súper aburrido, se vistió de mujer y pasó frente al loro. El pájaro le dijo:
- No ve, no ve, yo decía que eras maricón...

455.

Una señora llama desesperada al veterinario por la noche y le dice:
- Disculpe, doctor, pero mis perritos se han puesto a hacer el amor y están pegados, ¿qué puedo hacer?
- Pégueles con una escoba, le responde y cuelga. A los 10 minutos llama la señora otra vez.
- Doctor, los perritos siguen pegados, ¿qué hago ahora?

Y el veterinario le contesta:
- Tíreles un balde con agua. Cinco minutos después la señora vuelve a llamar.
- Doctor, tampoco el agua los ha separado, ¿qué puedo hacer ahora? Y el veterinario, responde:
- Llámelos por teléfono.
- ¿Y eso, servirá?
- En el caso de los perros, no lo sé, pero conmigo ha resultado las tres veces que me has llamado vieja conch...!!!

456.
¿Donde tiene más pelo un oso?
- En el lado de afuera.

457.
Una vieja va con un pato bajo el brazo y encuentra con un borracho que le dice :
- ¿Pa'dónde vai con la chancha?
- Borracho asqueroso, le contesta ella ¿ no te das cuenta que es un pato ?
- Cállate, vieja, si no te hablo a ti, le hablo al pato.

458.
¿Que es lo peor de ser un erizo?
- El reproducirse.

459.
Oye, ¡que mi gato ha matado a tu perro!
- Pero qué dices, idiota, si mi perro es un dóberman!
- Ah, pero es que mi gato es hidráulico.

460.
Pues yo tengo 40 palomas en casa.
- ¿Mensajeras?
- No, no, no te exagero ...

461.
Un tipo va con un gato en los brazos y se encuentra a un amigo.
- ¿Araña?
- Pero hombre, ¿como va a ser una araña si sólo tiene cuatro patas?

462.
¿Cuál es el pájaro que vuela más alto?
- El pájaro de un astronauta.

463.
¿Cuál es el animal que pone los huevos más grandes?
- La avispa (no te imaginas cómo te los pone cuando te pica).

464.
Mamá, mamá, ¿yo soy un osito polar?
- Sí, hijito. Le dice la osa.
- Pero de verdad, de verdad que soy un osito polar.
- ¡Que sí, hijo! ¿qué te pasa? ¿por qué me preguntas eso?
- ¡Es que tengo mucho frrrrío !

465.
Un tipo entra a una tienda de animales y dice:
- Me da 100 pollitos. Se los dan y a la semana siguiente entra de nuevo y otra vez pide 100 pollitos; así, va haciendo lo mismo durante varias semanas, hasta que el dueño de la tienda le dice:
- Cuénteme, ¿qué hace usted con los pollitos?
- Pues no sé si es que los planto mal o los riego poco, pero el caso es que se me mueren todos.

466.
Un hombre después de insistir mucho a un empresario de circo que tenía todas las plazas cubiertas, consigue que acepte ver una demostración de su número. Saca un ra-

ratón del bolsillo, un piano pequeño y un loro; el ratón se pone a tocar el piano al tiempo que el loro canta ópera.
- ¡Fantástico! pero oiga, entre nosotros, ¿esto tiene un truco verdad?
- Sí, bueno, el loro no canta, lo que pasa es que el ratón es ventrílocuo.

467.
En lo alto de una montaña, un turista se encuentra a un pastor cuidando ovejas, y por entablar una conversación, le dice:
- Buen hombre, ¿ le dan mucha lana las ovejas ?
- Cuales, ¿las blancas o las negras?
- Pues las negras.
- Sí, dan mucha lana.
- ¿Y las blancas?
- También.
El hombre extrañado, pregunta de nuevo:
- ¿Y comen mucho estas ovejas?
- Cuales, ¿las blancas o las negras?
- Las blancas.
- Sí, sí que comen bastante.
- ¿Y las negras?
- También.
¿Y le dan mucha leche las ovejas ?
- Cuales, ¿las blancas o las negras?
- Pues las negras ...
- Sí, sí que dan bastante.
- ¿Y las blancas?
- También.
El hombre mosqueado dice:
- ¿Por qué siempre me dice que si las blancas o las negras?
- Porque las negras son mías.
- ¿Y las blancas?
- También.

468.
Un granjero compra un nuevo gallo y lo mete en el corral. Inmediatamente al gallo se le empieza a caer la baba al ver tantas gallinas juntas, pero de repente ve a otro gallo viejo y decrépito medio escondido en el fondo, y rápidamente se dirige a él dispuesto a pegarle.
- Oye, ¡¿pero qué vas a hacer?!
- Te voy a matar, viejo inútil, no hay sitio en este gallinero para los dos...
- Pero eso te parece bonito, con lo viejo y arruinado que estoy no tengo ninguna posibilidad de sobrevivir contra un joven fuerte y sano como tú. Además, no hay necesidad de que nos matemos. Mira, ¿qué te parece si hacemos una carrera ? El que gane, se queda con todas las gallinas. ¿De acuerdo ?
- De acuerdo, total no tienes ninguna posibilidad de ganarme...
- Entonces , vamos a dar tres vueltas al pajar. ¿Qué te parece si me das una vuelta de ventaja?
- ¿Ja, ja, sólo una? Pero si con lo que cojeas no vas a poder acabar la carrera, Ja, ja, de acuerdo. Total, que empiezan a correr, el gallo viejo tiene que dar dos vueltas y el joven tres. El joven inmediatamente toma la delantera, y antes de que el viejo haya completado la primera vuelta, el otro se le está acercando por detrás, y justo en el momento en el que le va a alcanzar, ¡¡¡BAM!!! El gallo joven cae muerto y se oye al granjero, decir, mientras recarga la escopeta :
- ¡Mierda! , con este son tres los gallos maricones que he comprado este año.

469.
¿Cuál es el animal que hace el amor con más luz?
- La foca, que lo hace con el foco

470.
Una cigüeña está en su nido con su hijo, que está llorando :
- Mamá, mamá, buah, dónde está papá, snif?

- Hijo, tranquilízate, no pasa nada, está haciendo feliz a una profesora llevándole un niño. La noche siguiente es el padre el que está solo en el nido con la cría, que está llorando otra vez.
- Buah, papá, papá, buah, dónde está mamáaaa...!
- Deja de llorar, chico, si no pasa nada, se ha ido a llevar alegría a casa del alcalde... La siguiente noche, el padre y la madre están preocupadísimos en el nido esperando al hijito, que aparece con cara alegre.
- Pero bueno, ¿qué pasa, dónde estabas ?
- Nah, no pasa nada, le estaba dando un susto a una estudiante...

471.
¿Qué le dijo el elefante a un hombre desnudo?
- ¿Cómo puedes respirar por esa trompa tan pequeña?

472.
Una hormiga hace el amor con un elefante, y al día siguiente al despertar se encuentra con que el elefante ha muerto.
- ¡¡Qué mierda de vida!! Una noche de pasión, y luego te pasas la vida cavando una tumba...

473.
Están jugando al fútbol el equipo de los Elefantes contra el equipo de los Gusanos. A diez minutos del final van ganando los elefantes por 50 - 0. De repente anuncian un cambio por el equipo de los gusanos y sale el ciempiés. Cuando quedaban cinco minutos para el final, el ciempiés mete un gol tras otro y al final del partido quedan 50 - 75. El capitán de los elefantes se le acerca al de los gusanos y le dice:
- ¡Qué maravilla de jugador! Por qué no lo hicieron jugar antes?
- Es que estaba terminando de abrocharse los zapatos.

474.
Esto es la jungla, donde hay un tigre que es un aniñado. Cuando ve a un mono, se acerca a él, y le dice rugiendo con todas sus fuerzas :
- ¡¡¿Quién es el más poderoso de los animales de la jungla?!!
El mono, todo asustado , responde :
- Tú, por supuesto, tu eres el más poderoso. El tigre se aleja satisfecho y sonriendo, cuando ve a un ciervo; de nuevo, se acerca corriendo y gritando, y le pregunta:
- Dime, miserable ciervo, ¿qué animal es el más poderoso?
- Sin duda alguna, el tigre, eres el mas poderoso de la jungla. El tigre le deja en paz y se aleja con el rabo bien alto, y entonces ve al elefante. De nuevo le grita amenazadoramente y le pregunta :
- Dime, elefante asqueroso, ¿qué animal es el más poderoso de la jungla? El elefante, que ya está harto de las chorezas del tigre, le pega un pisotón, luego le agarra con la trompa y empieza a darle golpes contra los árboles, luego lo tira contra una roca. Cuando el tigre recupera el aliento, va y le dice :
- ¡¡Si no sabís pa que te enojai!!

475.
¿Cómo puedes distinguir entre un erizo macho y uno hembra?
- El macho tiene una espina más que la hembra.

476.
Se encuentran en el consultorio del veterinario un perrito Poodle con un Pastor Alemán. El perro grande le pregunta:
- ¿Por qué te trajeron aquí?
- Resulta que la vecina tiene una perrita y el otro día estaba con la colita parada, me fui por atrás y le hice el amor. Mi dueña se enojó y me van a cortar las bolas.
- ¿Y a ti por que te trajeron?. Responde el Pastor Alemán:
- Mi dueña estaba bañándose en la piscina desnuda, y

cuando salió de la piscina se agachó y yo me fui por atrás y le hice lo mismo.
- ¿Y también te van a cortar las bolas?
- No. Me van a cortar las uñas.

477.
Un tipo medio raro entra a un bar y pregunta en voz alta:
- ¿De quién es un perro gran danés que está allá afuera?
- Mío ¿por qué? Le contesta un tremendo tipo...
- Pues tengo que comunicarle que mi perro acaba de matar a su perro.
- ¿Con lo grande que es mi perro? ¿Y usted qué perro tiene?
- Un chihuahua.
- Ja, ja, ja, ¿y un chihuahua ha matado a mi gran danés?
- Sí, es que se pusieron a pelear y mi perro le ha quedado atascado en la garganta.

MUJERES

478.
El papá vuelve a la casa y sorprende a su hija con un vibrador.
- ¿Hija? ¿qué estas haciendo?
- Mira, papá, le contesta ella; yo tengo 26 años y tomé mi opción de vida de quedarme soltera y ésta es la única forma que tengo de darme placer así que si no te gusta dímelo en el acto y me arriendo un departamento y me voy a vivir sola.
- No, hija, si te estaba preguntando no mas, no es para que te enojes. Pasó como una semana y una noche ella vuelve de una fiesta, cuando entra a la casa ve que está todo el living lleno de humo de cigarrillo y el papá sentado en la mesa del fondo con un trago y el vibrador parado encima de la mesa.
- ¡¡Papá!!, le dice ¿Qué estas haciendo?
- ¿Acaso no me puedo tomar un copete con mi yerno?

479.
Llega una señora a una tienda donde venden consoladores y le dice al dependiente:
- ¿Me podría vender un vibrador?
- Sí, señora, elija el que quiera de la estantería
- Ese coloradito que está ahí.
- No, señora no me entendió, del extinguidor hacia la derecha elija el que quiera.

480.
Una amiga a la otra: Estoy feliz porque mi marido ha dejado de ser celoso sin motivos.
- ¿Me quieres decir que dejo de ser celoso?
- No, niña, pero ahora tiene motivos.

481.
Una amiga le dice a otra: ¿Como te fue con mi consejo? ¿Le diste las ostras a tu marido para curarle la impotencia?.
- Sí, pero resultó ser mas o menos no más.
- ¿Y por qué?.
- Porque le di una docena y le funcionaron ocho apenas.

482.
Una amiga estaba contándole a otra: Mi marido siempre que llega a casa me trae algún regalo, me da un beso sensual y larguísimo, me lleva en brazos al dormitorio y luego me hace el amor seis veces seguidas. Y la amiga llena de envidia le dice:
- Y esa joya ¿en qué dices que trabaja?
- Es marino mercante, pasa seis meses en el mar y una semana en casa.

483.
Están la madre y la hija en el cine y de repente la lola dice:
- Mamá, el tipo que está a tu lado se está masturbando.
- Y tú qué te metes.
- Pero, mamá, es que lo está haciendo con mi mano.

484.
En una tienda, un cliente:
- Quiero un par de panties espaciales.
- Lo siento, señor, no tenemos de esa marca.
- No es una marca, es una medida: es que mi novia tiene un culo de otro mundo.

485.
En la noche de bodas, ella a él:
- ¡Sorpresa, mi amor! Mi cielo, eres un fenómeno. ¡Apenas llevamos 12 horas de casados y ya tengo un embarazo de tres meses!

486.
Entre mujeres:
- No comprendo, ¿por qué quieres casarte con un negro, amiga?
- Para no pasar las noches en blanco, como tú, amiga.

487.
La empleada de la tienda a la dueña: señora, hay un cliente que desea saber si las camisas encogen. La dueña le pregunta:
- ¿Le queda grande o chica?
- Grande, señora.
- Entonces, encogen, idiota.

488.
El abogado le dice a la dama clienta:
- En este pleito con su marido vamos a buscar una solución equitativa.
- ¿Equitativa? ¿y para qué cree usted que acudí a un abogado?

489.
La mujer deja el siguiente mensaje al marido:
- La comida está en el horno, el cafe está preparado, el postre está en el refrigerador, y si quieres algo más, yo estoy en la cama.

490.
La esposa a su marido:
- Tuvimos que cerrar nuestro club femenino.

- ¿Y por qué?.
- Es que iban todas las socias y no podíamos pelar a nadie.

491.
Dos amigas:
- Estoy escribiendo una novela.
- Qué interesante.
- Sí, fíjate que no sé cómo matar a un personaje en el cuarto acto.
- Ay, niña, léele los otros tres.

492.
La mucama se enoja con la patrona y le dice.
- ¡Para qué sepa yo soy mucho más atractiva que usted, así me lo dijo su marido! y además, me desvisto mucho más rápido que usted, ¡así me lo dijo su marido! y por último, ¡en la cama soy mucho mejor que usted!
- ¿Así se lo dijo mi marido?
- No, ¡eso me lo dijo el jardinero!

493.
Dos amigas de mediana edad se encuentran después de mucho tiempo y una le dice a la otra:
- ¿Cómo te ha ido niña? ¿te casaste por fin?
- Sí, niña, pero me tuve que separar.
- ¿Y eso por qué?
- Es que me salió un marido cornudo.

494.
Una solterona acaba de ser violada y entra gritando donde una amiga también solterona.
- ¡Amiga, amiga, me han ultrajado! ¿qué puedo hacer?
- Primero que nada, tienes que chupar un limón.
- ¿Chupar un limón?
- Sí, para que se te borre la sonrisa...

495.
Marido a su mujer:
- Oye, vieja, ¿has hecho el amor con condón?
- ¿Con don quién?

496.
Esta es una madre con una hija que es espantosamente fea. Y están en un tren en su compartimento y entra un hombre y al abrir la puerta exclama: ¡Dios mío, qué espanto! mientras mira a la hija y sale de allí a toda velocidad. Al poco tiempo entra una mujer y de nuevo al ver aquello sale despavorida santiguándose de manera frenética y murmurando cosas raras. Después llega un campesino abre la puerta, y tranquilamente se sienta al lado de las dos mujeres. En esto la madre empieza a decir:
- Ves hija qué alegría que la gente no sea mal educada, y a repetirlo una y otra vez. El campesino mientras tanto saca un melón y se lo empieza a devorar. Cuando termina se queda mirando por todo el compartimento y dice:
- Oiga señora, ¿la bestia come cáscaras?

497.
Esta es una mujer muy fea cuyo marido siempre la está molestando con su defecto, que a estas alturas tiene ya un complejo bastante serio. Pero un día se decide a salir a la calle; es más, quiere ir a la procesión de Semana Santa.
- Oye, voy a ver la procesión.
- ¿Tú? ¿Con lo fea que eres? ¡Pero si va a haber un montón de gente!
- No me importa que me vean, tengo derecho a ir.
- No, si es que eres tan fea que vas a asustar a todos. Total, que la mujer se va, y al volver le dice al marido contenta:
- Oye, oye, ¡me han confundido con la virgen!
- ¿A tí? ¿Con lo fea que eres? ¡Eso es imposible!
- Claro que sí, uno de los que iban en la procesión me ha dicho al verme ¡¡¡Virgen santa!!!

498.
Una muchacha pasa todo el día con su novio en el parque, y, al llegar a su casa, escribe en su diario:
«Querido Diario: Hoy estuve con mi novio en el Parque del Amor, nos besamos, nos acariciamos, y él me hizo proposiciones indecentes, pero corrí, corrí, corrí!! mis piernas son mis mejores amigas...».
Al día siguiente, va con el novio a una discoteca y al llegar a su casa, escribe en su diario: «Querido Diario: Hoy estuve con mi novio en una discoteca, la pasamos muy bien, nos besamos, nos acariciamos, él me hizo proposiciones indecentes, pero corrí, corrí, corrí... mis piernas son mis mejores amigas... »
Al otro día, se va con el novio a su departamento, y al llegar a su casa escribe en su diario:
«Querido Diario: Hoy estuve con mi novio en su departamento, nos besamos, nos acariciamos, él me hizo proposiciones indecentes y... Me di cuenta que hasta las mejores amigas se separan».

499.
En el compartimento del tren, se sienta una mujer y coloca un paquete en el asiento de al lado. Al rato, un señor iba a sentarse sobre el paquete, y la mujer le grita:
- ¡¡Señor, cuidado con los huevos!!
- ¡Huy! Perdone, señora. ¿No me diga que lleva huevos en un paquete tan chico?
- No, señor, son alfileres.

500.
A la niña le decían la carta.
- ¿Y por qué?
- Porque es de entrega inmediata.

501.
A la novia del reo le decían «El saludo»
- ¿Por qué?
- Porque no se le niega a nadie.

502.
La niña era tan fea que le decían la dieta.
- ¿Y por qué?
- Porque nadie la seguía.

503.
A mi hermana le decían la antorcha olímpica
- Y ¿por qué?
- Porque andaba de mano en mano.

504.
A esa niña le decían la Coca Cola.
- ¿Por qué?
- Porque todos la habían probado.

505.
Y a esa otra le dicen la puerta.
- ¿Por qué?
- Porque todos han pasado por ella.

506.
Una mujer venía llegando de África y la amiga le pregunta:
- ¿Y cómo te fue en tu viaje?
- No te imaginas, niña, vengo desesperada, fíjate que estábamos en plena selva cuando de pronto apareció un gorila y todos los nativos huyeron y me dejaron sola y el gorila me violó.
- Pero de que te preocupas, total los gorilas no hablan.
- Por eso estoy desesperada pues niña, no me habla, no me escribe, no me llama...

507.
Una señora muy arrugada llega a la consulta del cirujano plástico y le dice:
- Doctor, deseo que me deje como una lola de 15 años. ¿Cree usted que eso es posible?
- Ni un problema, señora, sólo que mis honorarios son bastante altos.
- De eso no se preocupe, doctor, hágame la operación no más.
- La operó y efectivamente la dejó como una lola de 15 años y al momento de cobrar le dijo: Son 3.000.000 de pesos, señora.
- Ay, doctor, cómo tan caro, yo no tengo tanto dinero.
- Si no me paga voy a tener que demandarla.
- Demándeme no más, doctor, total ahora soy menor de edad.

508.
Un señor de cierta edad dice a una joven de 20 años:
- Cuando me conozca mejor, verá usted que hay dos hombres en mí. La joven le contesta:
- Cuando me conozca mejor, verá usted que con dos hombres no es suficiente.

509.
Dos mujeres charlan en la playa:
- A mí me deshonró mi novio y tuvimos que casarnos.
- En cambio yo deshonré a mi esposo y tuvimos que divorciarnos.

510.
La cajera informa al contador:
- Querido jefe, saqué mal las cuentas.
- ¿No te cuadró la caja?
- No, ¡estoy encinta!

511.
La chica llegó a la casa de amanecida y despertó a la hermana y le dijo:
- Para tu información, hemos dejado de ser gemelas idénticas.

512.
Había una mujer tan fea, pero tan fea, que en cierta oportunidad asistió a una sesión espiritista y...¡Nadie quiso tomarle la mano!

513.
Dos mujeres muy feas salen del consultorio de la adivina y una le dice a la otra:
- ¿Y a ti? ¿Qué te pronosticó la adivina?
- Pues, mira, responde la más fea, no estoy segura si dijo que iba a poseer una fortuna o que por fortuna me iban a poseer.

514.
La mujer era tan fea, que cuando la fueron a bautizar, el cura le dijo a la mamá:
- Señora, lo lamento, pero yo no hago exorcismos.

515.
Se murió una mujer que había llevado una vida muy pecaminosa y sin saber cómo, se encontró en las puertas del cielo, con San Pedro invitándola a pasar.
- No, dice ella, yo no tengo derecho a pasar porque fui muy pecadora y supongo que todo lo que hice debe estar en mi expediente.
- Aquí no llevamos expedientes , le dijo San Pedro, pasa hija y sígueme. Lo empezó a seguir por los jardines celestiales, cuando de pronto vio a varias mujeres, haciendo gestos de rabia y tirándose el pelo.
- ¿Y ellas quienes son? preguntó la mujer y San Pedro le dijo:

- Esas son las inocentes doncellas que nunca pecaron y que también creían que aquí llevábamos expedientes.

516.
- Oye ¿por qué vienes tan golpeada?
- Por culpa tuya, por besar al hombre ese que tú me dijiste.
- Oye, yo te dije que lo besaras cuando menos se lo esperara.
- Y yo te entendí que lo besara donde menos se lo esperara.

517.
Una mujer se fue a los Estados Unidos a hacerse una cirugía estética general y a su regreso se encuentra con su mejor amiga y le pregunta:
- ¿Y? ¿Cómo me veo?
- Bien, niña, pero ¿y esas verrugas que te dejaron en la cara?
- No, no son verrugas, lo que pasa es que me hicieron la cirugía en las tetas y me las subieron mucho.

518.
Una amiga a otra:
- Sabes que en mi barrio había un sátiro violador encapuchado que abusaba de todas las que se cruzaban en su camino, y para colmo descubrí que era mi chofer.
- ¿Y lo despediste?
- No niña, ni loca, le subí el sueldo.

519.
Dos amigas conversaban:
- Oye, ¿qué significa la «V» que tienes en el pecho?
- Virginidad.
- Oye, debe ser muy viejo el suéter ese.

520.
- ¿Sabes que Lucrecia está esperando un bebé?
- Sí, ya sé, incluso sé de quién es.
- Oye, niña, entonces díselo porque anda loca por saberlo.

521.
- Estoy muy preocupada, le dice una amiga a otra, me salieron unas manchas en la cara, ¿tienes algún remedio?
- Claro, tengo uno que me dio una curandera. Te tienes que pasar un ciempiés macho por las manchas.
- ¿Y cómo sé que es macho?
- Le cuentas las patitas, y si tiene 101, es macho.

522.
Una amiga le dice a la otra:
- Oye, niña, ¿y cómo se siente tu marido en su nuevo trabajo?
- Huy, niña, se siente como pez en el agua.
- ¿Sí, y qué hace?
- Nada.

523.
Entre amigas:
- A mí los hombres me gustan como el café.
- Ah, entiendo, morenos, fuertes y calientes.
- No, ¡cuatro veces al día!

524.
- Fíjate, niña, le dice una amiga a la otra, que ayer era mi cumpleaños y mi novio me trajo un catálogo de automóviles con los coches más maravillosos.
- Y tú ¿cuál elegiste?
- Ninguno, niña, si el regalo era el catálogo.

525.
Dos amigas conversan:
- Mi esposo y yo hemos adoptado un sistema infalible para tener relaciones sin hijos.
- ¿Ah, sí? ¿y cómo lo hacen?
- Muy fácil, los mandamos a dormir con los abuelos.

526.
Un tipo se muere y al momento de llevarse el cajón, la viuda desconsolada pide que lo dejen un poco más. Los de la funeraria le dicen:
- ¿Tanto lo quería, señora, que no quiere que se lo lleven?
- No, lo que pasa es que en diez años de casados esta es la primera vez que este hijo de puta amanece en casa.

527.
En el cementerio, la viuda está muerta de la risa, sentada arriba del cajón. Se acerca un familiar y le pregunta por qué hace eso, y ella responde:
- Cómo no voy a estar contenta, si es la primera vez que sé dónde está y quién se lo está comiendo.

528.
- Señora, tiene usted que hervir todo lo que su bebé se lleve a la boca.
- ¿Y no me irá a doler doctor?

529.
Cuando Rafa me pidió que le contara mi vida, se la conté toda y una amiga le dijo:
- Ay, qué sinceridad; la otra, ay qué valor y la otra, ay qué memoria.

530.
Oiga, señorita ¿ninguno de los tres hijos es del mismo padre?
- El de los gemelitos, sí.

531.
Esperando turno para comprar entradas, el tipo le pregunta a la chica de adelante:
- ¿Perdone, esta es la cola?
- No, señor. Ese es el culo.

532.
Dos amigas conversan y una le dice a la otra:
- ¿Es verdad que en la isla donde estuviste te encontraste con una lámpara de esas que se frotan y sale un genio?
- Sí, le dice la otra.
- ¿Y salió el genio? ¿Y le pediste tres deseos?
- Sí, pero me aguantó uno no más el desgraciado.

533.
La solterona llama a carabineros para denunciar a un tipo que se pasea desnudo por el departamento del frente. Cuando llegan, la mujer le dice al sargento:
- Mire, ahí está el sinvergüenza, desnudo completamente. Y el sargento le contesta:
- Pero, señora, a ese hombre se le ve desnudo pero de la cintura para arriba, porque la ventana impide que se le vea algo más.
- Eso es lo que usted cree, venga, súbase arriba de la mesa para que vea.

534.
En un instituto muy fino para señoritas, durante la clase de biología, el profesor pregunta:
- Señorita Pérez, ¿podría usted nombrarnos el órgano del cuerpo humano que, en las condiciones apropiadas, se expande hasta multiplicar su tamaño por seis?, y explique cuáles son estas circunstancias. La aludida se sonroja inmediatamente, pero se levanta y dice:
- Disculpe, profesor, pero yo diría que esta no es la pregunta más adecuada para hacerle a una dama. Prefiero

no contestar. Y a continuación se sienta. El profesor, sin inmutarse, dice:
- Señorita García, responda usted.
- La pupila del ojo, señor, bajo iluminación muy débil.
- Correcto. Y ahora, señorita Pérez , déjeme decirle tres cosas:
En primer lugar, usted debería haber estudiado la lección. En segundo lugar, tiene usted una mente sucia, impropia de una mujer de su posición. Y tercero, algún día se llevará usted una amarga decepción.

535.
Este es el de la hija argentina que le dice a la madre:
- Mamá , yo ya me quiero casar con el Nico...
- Esa es una decisión muy seria, hija. ¡Medítelo !
- Ay , mamá! Ya me lo medí y me queda justiiiiito, justiiiiito.

536.
Una mujer sale del baño cubierta sólo con una toalla y se da cuenta de que está el un tipo limpiando los vidrios tras la ventana.
- ¡Huy ! ¡qué vergüenza! Pero el tipo no le hace ni caso.
- ¡Se las da de duro ! Pues una no está todavía para que no la miren ! Total, que se baja un poco la toalla mostrando su anatomía y pasa cerca de la ventana. El tipo sigue impasible. La mujer va mostrando cada vez más: media teta, una teta, las dos, hasta que, ya harta de que no le haga ni caso, se pone completamente en pelotas delante de la ventana, contorneándose sugerentemente mientras su anatomía pectoral se bambolea. De repente el tipo abre la ventana y le dice a la mujer:
- Perdone, señora, pero ¿nunca ha visto a un huevón limpiar una ventana?

537.
Una mujer va al cirujano plástico para que le eliminen una arruga que le ha salido en la cara.
- Pero mire, esto no puede ser, usted ya ha sido operada demasiadas veces y ya casi no le queda piel.
- Precisamente, ¿qué más da que me opere otra vez? ... Además, usted siempre lo ha hecho tan bien...
- Bueno, bueno, pero yo no me hago responsable... Total, que la operan. Cuando se recupera de la anestesia, ve que tiene una especie de cicatriz en el cuello, y está dispuesta a echarle la bronca al cirujano por arruinar su belleza, cuando el médico le dice :
- Oiga, eso no es una cicatriz, es su ombligo. Y le advierto: si se opera una vez mas, tendrá que empezar a afeitarse.

538.
Había una azafata que le decían la estufa.
- Porque necesitaba dos pilotos para calentarse.

HOMBRES

539.
Un hombre se quejaba:
- Me duele mucho el hombro. Creo que debería ver a un doctor. Uno de sus amigos le dijo:
- ¡No hagas eso! Hay una computadora en la farmacia que puede diagnosticar cualquier cosa mucho más rápido y más barato que un doctor. Simplemente tienes que poner una muestra de tu orina y la computadora te va a diagnosticar tu problema, y te va a sugerir que puedes hacer para solucionarlo. Además, sólo cuesta 500 pesos. El hombre pensó que no tenía nada que perder, entonces llenó un frasco con orina y fue a la farmacia. Encontró la computadora y puso la muestra de orina dentro de un embudo que había en la máquina. Luego depositó los $500 en la ranura. La computadora comenzó a hacer ruidos, a encender y apagar varias luces, y luego de una pequeña pausa, por una ranura salió un papel que decía:
- Usted tiene hombro de tenista. Frote su brazo con agua caliente y sal. No haga esfuerzos físicos de magnitud. En dos semanas va a estar mucho mejor. Más tarde, mientras pensaba en lo maravillosa que era esta tecnología y cómo cambiaría la ciencia médica para siempre, se le ocurrió si la computadora no podría ser engañada. Decidió probar si lo podía hacer, tomó un tarrito y mezcló agua de la llave, recogió mierda del perro, un poco de orina de su hija y su mujer y para terminar se masturbó y lo puso en la mezcla. Se dirigió nuevamente a la farmacia, puso la mezcla en el embudo y depositó los $500. Después de los

sonidos y luces de rigor, la máquina imprimió el siguiente análisis:
- Su agua es demasiado impura. Cómprese un purificador.
- Su perro tiene parásitos. Déle vitaminas.
- Su hija es drogadicta. Intérnela en un instituto de rehabilitación.
- Su esposa está embarazada .Y no es suyo, consiga un abogado.
- Y si no deja de masturbarse... ¡¡NO SE LE VA A CURAR NUNCA EL HOMBRO DE TENISTA !!

540.
Un tipo muy flojo está atendiendo un puesto de fruta en el mercado del pueblo. A su lado, grita otro vendedor:
- ¡Venga, casera! ¡Tengo tomates, lechugas, melones, sandías, peras,
- ¡Duraznos...!
- Y el flojo grita :
- ¡Y yo también!

541.
En Alemania en un cartel se leía «Caricaturas al tacto», y consistía en que había que poner la cara en un orificio que tenía una mesita y un ciego iba tocando la cara y le daba las indicaciones a otro ciego que estaba en la sala, dibujando las caricaturas. Un chilenito que andaba por allí, al ver esto pensó:
- Les voy a hacer una broma a estos dibujantes y en vez de poner la cara en el orificio, se sentó. Entonces el que dictaba empezó a decir:
- Cara redonda, barba larga pero dispareja, ojos saltones y redondos, nariz lacia y arrugada, boca chica, sin dientes y con un aliento de la C... de su madre.

542.

Un ejecutivo chileno va a Japón y aunque no sabe nada de japonés, conoce a una japonesita y se la lleva a su hotel, a pasar la noche con él. En el momento culminante, ella gime:
- ¡Nahuita aka! ¡nahuita aka! ¡nahuita aka! El tipo quedó feliz y orgulloso además de que el gemido de placer le quedó grabado. Al otro día va a jugar golf con un amigo japonés. El oriental emboca un hoyo en uno. El chileno, para demostrarle su emoción, se acuerda y exclama:
- ¡Nahuita aka! ¡nahuita aka! Y el amigo japonés enojadísimo, le dice:
- ¿Cómo que me equivoqué de hoyo?

543.

El tipo se perdió en el campo de golf... tanto que no se podía ubicar... Se acercó a una mina que estaba por ahí cerca y le comentó que andaba perdido... La niña le dice, como para ubicarlo, que ella va en el hoyo 5. Ah ya, dice él, yo estoy en el hoyo 4, es decir, un hoyo más atrás... gracias. Al rato, la joven lo ve medio perdido nuevamente... él se le acerca y le pregunta en qué hoyo va... en el 10, le responde ella... Ah, gracias, yo estoy en el 9, o sea, un hoyo más atrás... Más tarde, la pelota saltó lejos y al ir a buscarla se perdió otra vez... divisó a la niña y fue a preguntarle que en qué área se encontraba. Ella le respondió que iba en el hoyo 16... ya, yo estoy en el hoyo 15... o sea uno más atrás... Cuando terminó el recorrido se fue al bar y la encontró allí... se le acercó y le dio las gracias por su gentileza y junto con pedirle disculpas, la invitó a un trago... estaban conversando y le pregunta:
- ¿A qué se dedica usted?... Ella le respondió:
- Si le digo, usted se va a reír...
- No, dijo él, no me reiré, se lo juro...
- Vendo Tampax...
- el tipo soltó una tremenda carcajada y no podía parar de reír... Ella le reprochó:

- Usted juró que no se reiría y mire cómo se ríe...
- No me río de usted... me río de mí.. Yo vendo papel higiénico... es decir, sigo un hoyo más atrás...

544.
Dos tipos están jugando al golf cuando uno de ellos le pega con la pelota a otro jugador en el otro extremo del campo. Cuando se acercan, ven que este hombre está muerto, con la pelota incrustada en su nuca y la cabeza cubierta de sangre.
- ¡Dios mío! ¿Y ahora qué hago?
- Yo intentaría sacar la pelota del hoyo con un hierro del nueve.

545.
Un hombre sufría unos dolores de cabeza terribles, así que va al médico, el que le dice que no tiene nada en la cabeza; el problema está en sus testículos, que tendrán que ser amputados. El tipo al principio se resiste, pero los dolores de cabeza son cada día peores, así que al final decide operarse. Bueno, el caso es que ahora que este tipo no puede disfrutar del sexo, deja de ir con mujeres y empieza a ahorrar dinero... viaja, se compra un coche fabuloso, y un día va a hacerse un traje a medida. Está hablando con el sastre, que le dice: - Entonces le hago el traje con esta tela, la chaqueta de talla 44 y los pantalones de talla 32, y lo tendrá usted listo para...
- Espere, espere. ¿Qué talla dice que son mis pantalones?
- 32
- No. Mi talla de pantalones ha sido 28 toda la vida.
- No, eso es imposible. Si usted llevase pantalones de la talla 28 le comprimirían los testículos y eso le produciría unos dolores de cabeza insoportables.

546.
Un tipo entra a una zapatería y le dice al vendedor:
- Me vende un par de zapatos N° 36, por favor. El vendedor le mira los pies al cliente y le dice:
- Perdon señor, yo con la práctica que tengo le puedo asegurar que usted calza por lo menos 42...
- Escúcheme joven y no insista... tengo un patrón que me trata como un perro; mi único hijo es un drogadicto; mi hija esta encinta y no sabe quién es el padre; mi mujer me engaña con mi mejor amigo; mi madre está en el hospital y me han cerrado la cuenta del banco. Así es que el único placer que me queda en esta vida es cuando llego a mi casa y me saco los zapatos.

547.
Una encuesta arrojó que de cada cuatro personas, una es un pervertido sexual. Así que escoge a tres de tus amigos, y si ninguno lo es, ¡el pervertido sexual eres tú!

548.
El éxito en los hombres:
- A los 4 años, tener éxito es no orinarte en los pantalones.
- A los 12 años, tener éxito es tener amigos.
- A los 20 años, tener éxito es tener relaciones sexuales.
- A los 35 años, tener éxito es tener dinero.
- A los 65 años, tener éxito es tener relaciones sexuales.
- A los 75 años, tener éxito es tener amigos.
- A los 85 años, tener éxito es no orinarte en los pantalones.

CONDONES

El abuelito llegó a la farmacia y le dijo al dependiente:
- Oiga, joven, este condón me salió malo...
- ¿Por qué abuelito, se le rompe?
- No, se dobla al medio...

549.
El tipo llega a la farmacia y le dice al vendedor:
- Me da un par de condones.
- ¿Y para qué quiere un par si con uno le basta?...y el tipo con voz gangosa le dice:
- ¿Y con que me abrocho el otro zapato?

550.
Anoche hice el amor con un extremista.
- ¿Y cómo sabes que era un extremista?
- Es que en vez de un condón se puso un pasamontañas.

551.
Un tipo llega a la farmacia:
- Déme diez condones.
- Oiga, ¿y para qué quiere tantos? Para usarlos a la noche... al otro día lo mismo:
- Me da diez condones.
- ¿Otra vez?, no me diga que los va a usar.
- Por supuesto... así durante todo un mes. El último dia el dependiente lo llama para un lado y le dice:
- Oye, compadre, ¿por qué no te lo plastificas mejor?

552.
Llega el argentino agrandado a la farmacia:
- Me da 100 condones.
- El farmacéutico le va a buscar y cuando sale le dice:
- Me va a disculpar, pero nos quedan noventa y cinco solamente...
- Hijo de puta, me cagaste la noche.

553.
Escrito en una máquina para vender condones en Italia:
- Para devolución de su dinero, inserte el bebé en esta ranura.

554.
Escrito en una máquina para vender condones en Galicia:
- No compres estos chicles. Saben a goma.

555.
Era un tipo muy feo, muy feo, pero muy feo que entra en una farmacia y le pide a un empleado una caja de condones.
El farmacéutico, al verlo, le dice:
- Señor, es mi deber informarle que estos condones caducan el año 2010.

556.
¿Por qué los mosquitos llevan siempre un preservativo?
- Por si las moscas...

557.
Dos gallegos pinchan con un par de putitas, pero antes de hacer el amor, ellas les dicen que tienen que ponerse condones.
- ¿Y eso para qué?
- Para que no quedemos embarazadas.
Al cabo de unos días, los dos amigos se encuentran.
- Oye, Paco, sinceramente, ¿a tí te importa que esas dos chicas se queden embarazadas ?
- Pues la verdad es que no mucho.
- Entonces, ¿nos quitamos ya los condones?

558.
Un abuelito entra en la farmacia y pide un preservativo:
- De color lo quiere, tenemos rojo, verde, negro...
- ¿Y no tiene con varillas?

559.
Va un tipo a una farmacia en la que hay una viejita tomándose la presión. El tipo entra y grita en voz alta:
- SEÑORITA, SEÑORITA ME VENDE UN CONDON...
- La viejita al escuchar esto le dice al tipo indignada:
- ¡Dios mío! ¡JOVEN, CUIDE SU LENGUA!
Y el tipo dice:
- ¡AY, DE VERAS! SEÑORITA, SEÑORITA, ENTONCES DÉME DOS...

560.
Un drogadicto viaja a Galicia a ver a un amigo suyo. Organizan una fiesta y empiezan a drogarse, usando todos la misma jeringa, así que el visitante les pregunta:
- Oye, ¿no tienen miedo de contagiarse el SIDA?
- No, hombre, tenemos los condones puestos.

561.
¿En qué se parece un diploma a un condón?
- Te lo dan enrollado.
- Representa un montón de trabajo.
- Al día siguiente no sirve para nada.

562.
- ¿Sabías que todos los condones llevan un número de serie?
- No, no lo sabía.
- Quiere decir que nunca lo has tenido que desenrollar entero...

FEMINISTAS

¿Qué tienen en común, los aniversarios de boda, el «punto G» y un W.C.?
Que los hombres no le aciertan a ninguno.

563.
Señoritas, dice la instructora, cada hombre es un mundo diferente, así que lo mejor es «hacer turismo».

564.
La mujer es el conjunto de curvas capaz de poner recta la única curva que tiene el hombre.

565.
Cuanto más conozco a los hombres, más quiero a mi perro.

566.
Dios creó a Adán, pero fue Eva la que hizo un hombre de él.

567.
A estas alturas, para que un hombre pudiera realmente sorprenderme, tendría que ser capaz de llevarme a la cama una taza de café en una mano, un zumo de naranja en la otra y... ¡DOCE DONUTS!

568.
¿Por qué se casan las mujeres?
- Por falta de experiencia.
- ¿Y por qué se divorcian?
- Por falta de paciencia.
- ¿Por qué se vuelven a casar?
- Por falta de memoria.

569.
¿Cómo congelar un cerdo?
- Se abre la ventana y se le quita la sábana.

570.
¿En qué se parece un hombre a una papa?:
- Que los dos están mejor bajo tierra.

571.
¿Por qué cuando hablas con un hombre, le entra por un oído y no le sale por otro?
- Porque el sonido no se propaga por el vacío.

572.
¿En qué se parece el hombre al espermatozoide?
- En que de un millón sólo sirve uno.

573.
¿Cuál es el colmo de la mujer?
- Por un trocito de longaniza, tener que aguantar el cerdo toda su vida.

574.
¿En qué se parece un hombre a un microondas?
- En que al principio piensas que sirve para todo y al final sólo sirve para calentar.

575.
¿En qué se parece un computador a un hombre?
- En que ninguno de los dos es capaz de pensar por sí mismo.

576.
¿Por qué un hombre no se puede suicidar pegándose un tiro en la cabeza?
- Porque la bala no encuentra el cerebro.

577.
¿Qué es lo que tiene diez brazos y un coeficiente intelectual de 60?
- Cinco hombres viendo un partido de fútbol.

578.
¿En qué se parecen los dinosaurios a los hombres inteligentes?
- En que los dos se extinguieron.

579.
El 99% de los hombres le da una mala reputación al resto.

580.
¿Qué hace un hombre en la cama después de hacer el amor?
- Estorbar.

581.
¿En qué se parecen los enterradores al resto de los hombres?
- Están interesados tan sólo en tu cuerpo.

582.
¿Cuál es la mejor manera de volver loco a un hombre?
- Quitándole el control remoto.

583.
Los tipos son como los músicos. Llegan, tocan y se van. Y además si no tocan, inventan la melodía.

584.
¿En qué se parecen los hombres a las pizzas?
- En que los llamas por teléfono, y a los 5 minutos están calientes en la puerta de tu casa...

585.
Los hombres tienen el cerebro conectado con el culo, así que cuando piensan, la cagan...

586.
María, ¿sabes que Tita se quitó de encima 70 kilos de grasa inutil?
- ¿Y cómo lo hizo? ¿Se operó?
- No, niña, se divorció .

587.
¿Qué le pasa a un hombre cuando se come una hormiga ?
- Que tiene más cerebro en el estómago que en la cabeza.

588.
El hombre es un animal doméstico al que si se le sabe amaestrar con suavidad y con firmeza, se le puede enseñar a hacer casi todo.

589.
Una mujer no sabe qué tipo de marido no quiere hasta que se casa con él.

590
Nunca me casé porque no tenía necesidad de hacerlo. Tengo tres animales domésticos que cumplen la misma función que un marido. Un perro que gruñe por la mañana, un loro que suelta palabrotas toda la tarde, y un gato que llega a casa muy tarde por la noche.

591.
Qué hace una neurona en el cerebro de un hombre...
- ¡¡¡¡EEEECOOO!!!!

592.
¿En qué se parecen los hombres a los caracoles?...
- Son babosos, cornudos y encima arrastrados.

593.
¿Qué hay detrás de un hombre inteligente?
- Una mujer sorprendida.

594.
¿Para qué usan los hombres el agujero que tienen en el aparato?
- Para que les llegue el aire al cerebro.

595.
¿Por qué existen los hombres?
- Porque los consoladores no pagan los tragos.

596.
¿Qué le pasa a un hombre cuando tiene aserrín en el hombro?
- Tiene un derrame cerebral.

597.
¿En qué se diferencia un camión cargado de cerdos a otro cargado de hombres?
- En la matrícula.

598.
Resulta que para ingresar al cielo, había una entrada para hombres y una para mujeres. Por la entrada de hombres, había dos puertas, una con un letrero que decía: «MI MUJER MANDABA EN MI CASA»; y otra con un letrero que decía «YO MANDABA EN MI CASA». Y como es de suponerse, en la primera puerta, había una cantidad enorme de hombres esperando, mientras que en la segunda puerta, no había nadie. Hasta que de repente, al llegar al cielo, uno de los interesados por ingresar, tomó la opción de entrar por la segunda puerta. Todos los presentes se sorprendieron muchísimo, y cuchicheaban entre sí, hasta que por fin alguien se animó a ir a preguntarle al recién llegado el porqué había elegido esa puerta, a lo que el hombre respondió:
- Es que mi mujer me dijo que me formara aquí.

599.
Está Dios hablando con Adán y Eva, y dice:
- Tengo una noticia buena y otra mala. Y pregunta Adan:
- ¿Cuál es la buena?
- Pues que te voy a dar un pene y un cerebro. Y dice Eva:
- ¿Cuál es la mala?
- Pues que no tiene sangre suficiente para que funcionen los dos a la vez.

600.
¿Cuál es la diferencia entre DISOLUCIÓN Y SOLUCIÓN?
- La DISOLUCIÓN es meter a un hombre en ácido sulfúrico y la SOLUCIÓN es meterlos a todos...

601.
¿Qué es un grano en el aparato de un hombre?
- Un tumor cerebral.

602.
¿Por qué son mejores las pilas que los hombres?
- Porque al menos las pilas tienen un lado positivo.

603.
¿Por qué los chistes de mujeres siempre ocupan dos líneas?
- Para que los entiendan los hombres.

604.
¿Por qué no puede ser un hombre guapo e inteligente a la vez?
- Porque sería una mujer.

605.
¿Por qué los hombres le ponen nombre a su pene?
- Para saber quien toma sus decisiones.

606.
¿Por qué los hombres tienen la conciencia limpia?
- Porque no la han usado nunca.

607.
¿Por qué hacen falta millones de espermatozoides para fertilizar un solo óvulo?
- Porque los espermatozoides son masculinos y se niegan a preguntar cuál es el camino.

608.
¿Por qué los hombres tienen las piernas arqueadas?
- Porque las cosas insignificantes siempre van entre paréntesis.

609.
Un día en el Jardín del Edén, Eva llama a Dios:
- ¡¡¡Señor, tengo un problema!!!

- ¿Cuál es tu problema, Eva?
- Señor, sé que me creaste y me colocaste en este precioso jardín y con todos esos maravillosos animales, además de esa serpiente tan cotorra, pero simplemente no soy feliz.
- ¿Por qué, Eva?
- Señor, estoy sola y estoy harta de manzanas.
- Bueno, Eva, en ese caso tengo la solución, crearé un HOMBRE para ti.
- ¿Qué es un 'HOMBRE', Señor?
- Este HOMBRE será una criatura banal, con tendencias agresivas, un ego enorme y la inhabilidad de entenderte o escucharte de manera correcta. A fin de cuentas, te dará problemas. Pero será más grande y rápido y más musculoso, será muy bueno para pelear y patear una pelota y para cazar rumiantes y no será tan malo.
- Suena interesante - dice Eva irónicamente arqueando una ceja.
- Pero sólo te lo daré con una condición.
- ¿Cuál?
- Debes hacerle creer que lo hice a él primero.

610.
¿Por qué la araña viuda negra mata al macho después de copular?
- Para evitar que comience a roncar.

611.
¿Cómo hacer para que el gordo de tu marido haga abdominales?
- Cuando está tirado en el sofá, ponle el control remoto sobre las rodillas

612.
Las mujeres solteras se quejan de que los hombres buenos están casados; las mujeres casadas se quejan de sus

maridos. Esto prueba que los hombres buenos no existen.

613.
¿Qué dice una mujer después de hacer el amor?
- «¡¿¡¿CÓMO, ESO ES TODO ?!?!»

614.
¿En qué se parece el acostarse con un hombre a una telenovela?
- Justo cuando las cosas empiezan a ponerse interesantes, el episodio se acaba.

615.
¿Por qué los hombres las prefieren vírgenes?
- Porque no toleran las críticas.

616.
¿ POR QUÉ LOS HOMBRES SON IGUALES A LOS PERROS ?

- Porque orinan en cualquier lado.
- Porque sólo se entienden con los de su raza.
- Porque hablan otro idioma.
- Porque «ladran» pero no «muerden».
- Porque sólo piensan en comer.
- Porque se van detrás de cualquier perra.
- Porque lloran cuando se quedan solos.
- Porque se ponen felices cuando los sacamos a pasear.
- Porque uno los echa y siempre vuelven.
- Porque son fáciles de distraer.
- Porque se dejan llevar solo por sus instintos y no piensan.
- Porque hay variedad de razas y colores.
- Porque a veces estorban.
- Porque entre más cansada esté una, más huevones se ponen.

- Porque cuando eructan creen que es una gracia.
- Porque los perros comen cualquier cosa.
- Porque son más bonitos cuando pequeños.
- Hay que vacunarlos contra la rabia.
- Porque manejan tan bien como un perro.
- Porque todo hay que decírselo.
- Porque hay que gritarles para que entiendan.

MACHISTAS

¿En qué se parecen las mujeres a los delfines?
- En que se sospecha que tienen inteligencia pero aún no se ha demostrado.

617.
Todas las mujeres son iguales, cuando encuentras una que parece diferente, no es que lo sea, es que te has enamorado.

618.
¿En qué se parecen las mujeres a los zapatos nuevos?
- En que aflojan con el tiempo o con alcohol.

619.
¿En qué se parecen las mujeres a los computadores?
- En que no son inteligentes, pero tienen una tremenda memoria...

620.
¿Qué diferencia hay entre una mujer y una bruja?
- Cinco años de matrimonio.

621.
¿Qué es lo que haría el hombre si no existiera la mujer?
- Domesticar a otro animal.

622.
¿Qué dicen una inglesa, una francesa y una chilena después de hacer el amor?
- La inglesa: What's your name...
- La francesa: Ou re vois...
- La chilena :   Júramelo huevón que no se lo vas a contar a nadie.

623.
¿Cómo elegirías a las dos mujeres más tontas del mundo?
- Al azar.

624.
El hombre es masculino.
La mujer es más culona.

625.
¿Qué es una rubia teñida de morena?
- Inteligencia artificial.

626.
¿Qué hacen 20 mujeres puestas cabeza con cabeza con las orejas pegadas?
- Un túnel de viento.

627.
¿Qué se pone una mujer en las orejas para verse atractiva?
- Las rodillas.

628.
¿Qué es lo que tienen todas las mujeres una vez al mes y les dura tres o cuatro días?
- El sueldo del marido.

629.
Había una mujer tan tonta, tan tonta que hasta las demás se dieron cuenta.

630.
Si Dios hubiese querido que las mujeres jugasen al fútbol, las habría hecho hombres.

631.

Experimento Cerveza:

Recientes estudios han demostrado que la cerveza contiene hormonas femeninas. Si usted quiere seguir siendo hombrecito lea con cuidado el siguiente artículo publicado en Scientific American por el Dr. Flower, el 9 de enero de este año.

Se experimentó con 100 hombres. Para comprobar si la cerveza tiene hormonas femeninas, a cada uno se les dio doce botellas de un litro para que las ingirieran en el término de tres horas.

Los resultados fueron los siguientes:

- El 95% dijo incoherencias.
- El 100% estaba inhabilitado para manejar.
- El 90% tuvo tendencia a engordar.
- El 80% se puso melancólico y lloraba por cualquier pendejada.
- El 80% quería ir a gastar dinero en estupideces.
- El 75% se sentía incomprendido.
- El 90% se puso necio y lo sabía todo.
- El 100% experimentó falta de coordinación y torpeza sicomotriz.
- El 85% fue incapaz de reconocer errores propios.

   Conclusión: Definitivamente, hay hormonas femeninas en la cerveza...

632.

La Asociación de Mujeres se ha quejado, pues según ellas hasta la gramática también es machista. Y dieron estos ejemplos:
- Zorro: espadachín justiciero.
- Zorra: Puta.
- Perro: Mejor amigo del hombre.
- Perra: Puta.

- Patinador : Individuo activo, que patina.
- Patinadora: Puta.
- Aventurero: Osado, arriesgado, hombre de mundo.
- Aventurera: Puta.
- Puto: Canción de Molotov.
- Puta: Puta.
- Histérico: Arrecho, iracundo, de fuerte carácter.
- Histérica: Puta.
- Gallo: Tonto, quedado.
- Gallina: Puta.
- Ambicioso: Visionario, enérgico, con metas.
- Ambiciosa: Puta.
- Cualquier: Fulano, Mengano, Zutano.
- Cualquiera: Puta.
- Regalado: Apellido. Participio de regalar.
- Regalada: Puta.
- Bicho: Insecto.
- Bicha: Puta.
- Callejero: De la calle.
- Callejera: Puta.
- Hombrezuelo: Hombrecillo, pequeño.
- Mujerzuela: Puta

633.
¿En qué se parecen las mujeres a los semáforos?
- En que después de las 12 de la noche nadie las respeta.

634.
¿En qué se parecen las mujeres y las botellas de cerveza?
- En que del cuello para arriba, están vacías.

635.
¿Cómo sabes que la mujer fue creada por un arquitecto y no por un ingeniero?
- Porque la hizo muy hermosa, pero le puso el desagüe junto al área de recreación.

636.
¿Qué es «hacer el amor»?
- Es lo que hacen las mujeres mientras los hombres se las cogen.

637.
¿En qué se diferencia una mujer de una plancha?
- En que la plancha se enchufa y después se calienta. En cambio, la mujer se calienta y después se enchufa.

638.
¿En qué se parecen una mujer y una sartén?
- En que hay que esperar que se caliente para ponerle el pedazo de carne.

639.
¿En qué se parecen una mujer y una lavadora?
- En que le echas unos polvos y te lavan la ropa.

640.
¿Por qué las mujeres tienen una neurona más que las vacas?
- Para que cuando les toquen las tetas no digan «Muuuuu...»

641.
¿En qué se diferencian una mujer y una vaca?
- En la mirada astuta... de la vaca.

642.
¿Cuál es la diferencia entre una foca y una mujer?
- Que una es gorda, tiene bigote y huele a pescado. La otra, en cambio, vive en el mar.

643.
¿Qué es la mujer?
- El motor de la escoba.

644.
¿En qué se parecen las mujeres a las computadoras?
- Siempre hay alguien que tendrá una mejor.
- Se bloquean sin motivo aparente y no hay forma de que prosigan la tarea.
- Tienes que invertir mucho dinero en ellas.
- Al poco tiempo de tener una, ya quieres otra mejor.
- No hay quién las entienda.
- No son capaces de pensar por sí solas.
- Asusta la posibilidad de que el mundo sea dominado por ellas.
- Tienen una ranura por donde puedes introducirles cosas.
- Cuando se conectan dos o más, intercambian todo tipo de información.
- Tardas mucho más tiempo en ponerla a punto que en disfrutarla.
- En ciertos periodos pueden dejar de funcionar.
- Tienen memoria, pero no tienen inteligencia.

645.
¿Cuándo irán las mujeres a la Luna?
- Cuando haya que barrerla.

646.
¿Y cuándo irán a Plutón?
- Cuando acaben con la Luna, Mercurio, Venus, Marte, Júpiter, Saturno, etc.

647.
¿Qué hace una mujer fuera de la cocina?
- Está esperando que se seque el piso.

648.
¿Qué tiene entre las tetas una mujer de cuarenta, que no tiene una de veinte?
- El ombligo.

650.
Las últimas palabras que se registraron en la caja negra del Challenger, antes de explotar, fueron:
- «¡No la dejen conducir a ellaaaaaaaaaa!».

651.
¿Por qué las mujeres fingen el orgasmo?
- Porque creen que nos importa.

652.
¿En qué se parecen el ketchup y una mujer?
- En que solo sirven para darle gusto a la salchicha.

653.
¿Por qué los perros son mejores que las mujeres?
Porque:
- Tu perro no llora.
- Tu perro adora que tus amigos te visiten.
- A tu perro no le molesta que uses su champú.
- Tu perro piensa que cantas bien.
- Entre más tarde llegas, tu perro se alegra más de verte.
- Tu perro te perdona si juegas con otros perros.
- Tu perro no se da cuenta si le dices el nombre de otro perro.
- Los perros piensan que los eructos son divertidos.
- Los perros aman la carne roja.
- Todo el mundo puede tener un perro bonito.
- Si tu perro es hermoso, los otros perros no lo odian por eso.
- Los perros no van de compras.
- Tu perro adora que dejes cosas tiradas en el suelo.

- El carácter de tu perro es el mismo todo el mes.
- Tu perro nunca necesita «examinar la relación».
- Los padres de tu perro nunca te visitan.
- Tu perro adora los paseos en coche.
- Tu perro no reprime sus instintos.
- Los perros no odian su cuerpo.
- Los perros no critican.
- Los perros nunca esperan regalos.
- Es legal mantener encadenado a un perro.
- Los perros no usan tu ropa.
- Los perros nunca necesitan un «masaje de pies».
- Tu perro te encuentra divertido cuando estas ebrio.
- Los perros NO HABLAN.
- Los perros no son maliciosos.
- Los perros rara vez viven más que tú.

654.
¿Por qué la Estatua de la Libertad es una mujer?
- Porque necesitaban a alguien con la cabeza hueca, para poner el mirador.

655.
¿Cómo hacer feliz a una mujer el sábado?
- Contándole un chiste el miércoles.

656.
Una mujer viendo la TV. Los platos sin lavar. La cocina sucia. ¿Cuál es el problema?
- La correa es demasiado larga.

657.
¿Tú sabes por qué los luchadores de sumo se depilan las piernas?
- Para que no los confundan con feministas.

658.
¿Con nieve, qué es más difícil construir, un hombre o una mujer?
- Una mujer, porque tiene la cabeza hueca.

659.
¿Cómo se le llama a una mujer que perdió el 99% de sus neuronas?
- VIUDA

660.
¿Qué es una mujer embarazada de dos niñas?
- Un perfecto kit de limpieza.

661.
¿Qué es una mujer embarazada de un niño y una niña?
- Otro kit de limpieza, con instrucciones.

662.
¿Por qué las mujeres tienen 4 neuronas?
- Una para cada quemador de la cocina.

663.
¿Cómo dar más libertad a una mujer?
- Agrandándole la cocina.

664.
¿Y más libertad de acción?
- Juntando la cocina con el dormitorio.

665.
¿Machista yo? Machista Dios por hacerlas inferiores.

666.
¿En qué se parece una mujer a un chicle?
- Cuanto más lo pisas, más se te pega.

667.
¿En qué se diferencia una mujer de un perro?
- En el precio del collar.

668.
Dicen que el animal más inteligente que existe sobre la tierra es el ser humano, la excepción tiene la regla ¡La mujer!

669.
Los hombres siempre quieren ser los primeros en la vida de una mujer. Las mujeres, en cambio, quieren ser las últimas en la vida de un hombre.

670.
¿Por qué los hombres son tan listos y las mujeres tan charlatanas?
- Porque los hombres tienen dos cabezas, y las mujeres cuatro labios.

671.
La esposa le dice al esposo:
- Oye, Juan, ¿nunca se te ha ocurrido comprarme flores?
- ¿Para qué, si todavía estás viva?

672.
DESCUBRIMIENTOS:

- EL HOMBRE descubrió el VIDRIO e inventó la BOTELLA...

- La MUJER descubrió el VIDRIO e inventó el ESPEJO.

- El HOMBRE descubrió la BARAJA e inventó el JUEGO...

- La MUJER descubrió la BARAJA e inventó la BRUJERIA.

- El HOMBRE descubrió la PALABRA e inventó la CONVERSACIÓN...

- La MUJER descubrió la CONVERSACIÓN y ahí mismo inventó el CHISME.
- El HOMBRE descubrió el DINERO e inventó el COMERCIO...
- La MUJER descubrió el COMERCIO e inventó el CRÉDITO.
- El HOMBRE descubrió la COMIDA e inventó el ALMUERZO y LA CENA...
- La MUJER descubrió el ALMUERZO y LA CENA e inventó la EMPLEADA DOMÉSTICA.
- El HOMBRE descubrió LA MUJER e inventó el SEXO...
- La MUJER descubrió El SEXO e inventó el MATRIMONIO.
- El HOMBRE descubrió el TRABAJO e inventó el SALARIO...
- La MUJER descubrió el SALARIO y ahí cagamos.

MARIPOSAS Y MARIPOSOS

673.
Un tipo muy delicado consulta en la oficina de impuestos internos:
- Buenos días, ¿aquí es donde se hacen las declaraciones?
- Sí, señor.
- ¡Te amo!

674.
Aló, ¿hablo con el Partido?
- Ay, ¿y cómo lo supo?

675.
Una loca va caminando por la calle y le gritan :
- ¡Adiós, sílfides!
- Para que tú sepas, me la pegó tu padre.

676.
El maricón que llega al registro civil y le preguntan
- ¿Nombre de pila?
- Duracel.

677.
Un marica tenía fama de apostador, y el jefe de la oficina lo mandó a llamar para ver qué había de cierto; el marica de inmediato le dijo:
- Muy bien jefe, le apuesto cien mil pesos a que Ud. tiene hemorroides. Está bien le dice el jefe, seguro de que no tenía y le apuesta los cien mil pesos. Pero jefe para poder pagarle los cien mil pesos, debo verle que realmente no

tiene hemorroides. Está bien, se baja los pantalones y le muestra . Como no tenía nada, el marica le paga los cien mil pesos. El jefe muy contento llama a todo el mundo y les cuenta que le ganó la apuesta al marica.
- Bien, jefe ¿cómo fue eso?
- Bueno me apostó que yo tenía hemorroides y le gané, sólo tuve que mostrarle el trasero....
- Ay, jefe la embarró, a nosotros nos apostó 500.000 que le veía el culo.

678.
¿Saben cuál es el lema de los maricones?
- No hagas con la mano lo que puedas hacer con el ano.

679.
¿Saben lo que significa sida?
- Sácamela inmediatamente de atrás.

680.
Dos maricas van por la calle conversando y uno le dice al otro:
- Oye, Pepa, si yo me pegara un tiro,¿tú lo sentirías?
- Claro, loca, yo seré maricón pero no sordo.

681.
Llega la policía a una casa donde había una fiesta de puros maricones. Apenas tocan la sirena, sale un maricón corriendo y se sube al carro policial. El teniente, extrañado, le dice:
- Y a ti, ¿qué te pasó que te subiste tan rapido?
- Es que el año pasado me tocó ir de pie.

682.

¡Ay, doctor! Le dice el maricón, es usted tan decente que me da vergüenza decirle mi enfermedad.
- Vamos, vamos, yo le voy a ayudar.¿Está usted enfermo del pajarito?
- No doctor... de la jaulita.

683.

- ¿Sabes, niña? le dice un maricón a otro, he terminado con Manolo.
- ¿Y por qué, loca?
- Incompatibilidad de filosofías, supongo.
- ¿Incompatibilidad de filosofías?
- Sí, me dijo que yo era demasiado «profundo»para él.

684.

Llega un maricón a la comisaría y le dice al cabo de turno:
Señor policía, tengo que contarle que anoche me salieron ocho tipos que me apuntaron con una pistola y luego me violaron entre todos.
- Ah, y usted viene a hacer la denuncia correspondiente...
- No, como se le ocurre, vengo a ver si me pueden hacer la reconstitución de escena.

685.

Un marica le dice a un amigo que presume de macho:
- Si haces el amor conmigo, te doy cien mil pesos.
- Ya te he dicho que yo no soy maricón, soy bien macho.
- ¿Y si te doy quinientos mil pesos?
- Por quinientos mil pesos tampoco.
- Bueno, te voy a hacer la última oferta: un millón de pesos.
- Mira, por un millón de pesos tendría que pensarlo.
- Viste que tú también eres maricón, lo que falta es capital.

686.
A la orilla de una piscina hay un marica tomando el sol y pasa un tipo musculoso. El marica lo ve y le grita:
- Adiós, mi amor; el tipo se da vuelta y le pega un combo en el hocico y lo lanza al agua. En eso ve venir a dos maricones más que eran amigos suyos y grita:
- Adiós, mi amor, y no te olvides de venir mañana a darme la segunda lección de natación.

687.
Dos maricas conversaban: ¿cómo te fue con el médico que te recomendé?
- Mal, niña, me dijo que tenía polvo en los pulmones, arenilla en la vesícula y piedras en los riñones.
- Viste, eso te pasa por andarte metiendo con albañiles.

688.
- ¡Ay!, niña, le dice un maricón a otro, cómo me gustaría ser licuadora.
- ¿Sí? ¿y para qué?
- Para batirme entera cada vez que me enchufaran, pos' loca.

689.
A ver, cuénteme, ¿cómo empezó a ser marica?, le pregunta el siquiatra al maricón.
- La culpa es de mi mamá, doctor.
- ¿Y por qué dice eso?
- Porque cuando era chico no me dejaba meter el dedo en la nariz.

690.
- ¡Ay, Pepe!, me gustaría tener un embarazo psicológico, le dice un maricón a otro.
- ¿Y para qué, loca?
- Para ver si por lo menos puedo parir una idea.

691.
En el consultorio del psiquiatra:
- Doctor, tengo una terrible fantasía sexual.
- Ninguna fantasía es tan terrible, ¿qué le pasa?
- Todas las noches sueño que estoy rodeado de hermosas mujeres desnudas que me piden sexo y más sexo.
- ¿Y cuál es el problema?
- ¡Que yo soy maricón, doctor!

692.
Llega un maricón a la farmacia y le dice al farmacéutico:
- Me da un supositorio de «esos».
- Oiga, hasta cuando le voy a repetir que «esos» se llaman desodorantes.

693.
Un maricón a otro:
- ¿Sabes que hay amores que te dejan un vacío imposible de llenar?
- Y me lo dices a mi, niña, que desde que llegué de Kenia no encuentro a nadie de mi talla.

694.
El maricón que está en el restaurant le dice al garzón:
- Tráigame otro bistec que no esté histérico.
- ¿Y este qué tiene de histerico?
- ¿Qué no ve que está lleno de nervios?

695.
El tipo que está en la cárcel le dice al amigo que lo viene a visitar:
- Te suplico que no vengas más a visitarme porque mi compañero de celda es muy celoso.

696.
Llega un joven a una fila, toca el hombro de un señor de finos ademanes y le dice:
- Perdón, ¿esta es la cola?
- No,... más abajito.

697.
Un tipo atlético va pasando por la calle y desde un balcón se escucha a un maricón que le dice:
- Sube, mi amor.
- Andate a la mierda, maricón.
- El marica toma un cubo de agua y se lo lanza. A los pocos segundos el tipo está indignado tocando la puerta. El maricón le abre y le dice:
- ¡Ay!, ricura, eres como la sal de frutas, si no te echan agua no subes.

698.
Se encuentran dos maricas en la calle. Uno le debía dinero al otro así que empieza a esconderse entre la gente y el otro lo trata de alcanzar para cobrarle. De pronto se metió a una funeraria y el que lo seguía lo empezó a buscar entre los ataúdes, al ver una urna rosada se acerca y al abrir la tapa encuentra al marica y le dice:
- ¿Qué estás haciendo aquí, loca?
- Ay, niña, no me digas nada, que estoy muerta de vergüenza.

699.
Un maricón le dice al otro:
- ¿Sabes, niña?, anoche tuve una pesadilla terrible, soñé que era soldado.
- Eso no tiene nada de terrible, piensa que si andas entre la tropa puedes conocer a muchos oficiales.
- No, loca, si lo que soñé era que venía un tipo con un tremendo soplete y me soldaba por detrás.

700.
Dos maricas conversan y uno le pregunta al otro:
- Ay, niña, ¿y tú? ¿cómo te hiciste maricón?
- Es que cuando niño me gustaba jugar con mi primo a los mecánicos.
- Pero eso es juego de hombres.
- Lo que pasa es que yo era la tuerca y él el tornillo.

701.
Como decía Juan Gabriel:
- Ser maricón no duele, lo que duele son los comentarios...

702.
¿Qué le dijo Hércules a su hijo?
- Bésame Her-culito

703.
En el tren subterraneo se apaga la luz:
- Mario, dáme un beso
- Te he dicho que no.
- Pero si todas las parejas se besan en la oscuridad.
- Sí, pero no las de policías.

704.
Están dos maricones en el apartamento aburridos y uno de ellos le dice al otro:
- Ay, estoy tan aburrida...
- Ya sé, se me ocurre un jueguito...
- ¿Qué jueguito?
- Mira, vamos a jugar a los mosqueteros. Y dicho y hecho, se desnudan y sacan las espadas y se ponen a pelear. «clink, clank clink clank...» A la media hora uno se pone en cuatro patas y le dice al otro:
- Ay, ya me cansé, mátame...

705.

En medio de un feroz incendio, el jefe de bomberos descubre que faltan dos de sus hombres... Inquieto, comienza a buscar sin resultado alguno. De pronto, se da cuenta que uno de los camiones se mueve rítmicamente y se acerca, abre la puerta y descubre a sus dos hombres, uno encima del otro en pleno "cómo te lo explico". Asombrado exclama:
- ¿Pero qué están haciendo? Y uno de ellos responde :
- Es que mi compañero se estaba asfixiando por el humo.
- ¿Y por qué no le hizo respiración boca a boca?
- ¿Y cómo cree que empezamos?

706.

Durante unas vacaciones en Jamaica, un maricón conoce a unos jamaicanos y ve que todos ellos tienen unos enormes aparatos, y un día le pregunta a uno de ellos por que lo tienen tan grande.
- Es que de chiquititos nuestros papás nos atan una piedra bien pesada al aparato para que se nos estire. ¿Te gustaría probarlo? Me encantaría, dice el maricón y se cuelga un tremendo peñasco, al cabo de unos 15 días vuelve a encontrarse con el negro, y éste le pregunta cómo le va con el tratamiento.
- Bien, mira, ya se me empieza a parecer a la tuya... se me ha puesto negra.

707.

Un tipo va a un bar con cara de deprimido, se sienta en la barra y pide 10 whiskies. El camarero le ve tan mal, que le dice :
- ¿Que hay? ¿Problemas?
- Es que hoy he descubierto que a mi hijo mayor se le queda la patita atrás.
- Qué mala onda, dice el camarero, y le sirve los diez whiskies. Al día siguiente vuelve otra vez el tipo, más he-

cho polvo todavía, y pide 10 whiskies. De nuevo el camarero pregunta :
- ¿Qué pasa ahora? ¿Más problemas?
- Hombre, es que al mediano también se le apaga el calefont. Bueno, lo mismo, le sirve los 10 whiskies. Al día siguiente, vuelve más destrozado todavía, y pide sus 10 wiskies, y el camarero le vuelve a preguntar, más asombrado aún:
- ¿Y ahora cuál es el problema?
- Es que a mi hijo menor... también se le quema el arroz...
- Oiga, le dice el camarero, ¿acaso en su casa a nadie le gustan las mujeres?
- Sí, a mi señora.

708.
Un sujeto pasa un fin de semana en un hotel, y el viernes por la noche va y le pregunta al conserje:
- Oiga, ¿usted me podría conseguir una puta?
- No, no hay putas en esta ciudad, aquí sólo tenemos al Lucho.
- Pues olvídelo, a mí no me gusta esa clase de mierda. El sábado por la noche, le vuelve a preguntar al conserje:
- Oiga, ¿de verdad que no es posible conseguir una puta?
- Ya le dije que no, aquí sólo tenemos al Lucho.
- Olvídelo, ya le dije que a mí no me gusta esa clase de mierda. El domingo por la noche, este tipo ya está desesperado.
- Oiga, ¿y cuánto me costaría el tal Lucho?
- 50 mil.
- Pero ¿qué dice? ¿50 mil? ¿No le parece un poco caro?
- Es que tendría que pagarme a mí, al Lucho, y a los dos tipos que lo sujetan, porque al Lucho tampoco le gusta esta clase de mierda.

709.

Un camionero va por la carretera y a lo lejos ve un hombre con una capa roja. El camionero se va aproximando hacia él y ve que no se aparta, le hace cambio de luces y nada, no se mueve, así que el camionero pega un frenazo y queda a un metro del hombre, baja del camión y el hombre de la capa roja le dice:
- Soy el maricón de la capa roja, ¿tienes algo de comer?
El camionero se le queda mirando y le dice:
- Pero tú eres tonto o qué, ¿no ves que casi te atropello?
El camionero sube al camión y sigue por la carretera, cuando a lo lejos vuelve a ver a otro hombre con una capa blanca, lo mismo, le empieza a hacer cambio de luces y nada que se aparta. El camionero vuelve a frenar bruscamente, baja del camión y el hombre de la capa blanca le dice:
Soy el maricón de la capa blanca, ¿tienes algo de beber?
El camionero le dice:
Pero será posible con los maricones, ¿no ves que casi te atropello?, ándate a huevear a otro lado. El camionero, una vez más, sube al camión y prosigue su camino; cuando a lo lejos vuelve a ver otro hombre, ahora con una capa verde. Y otra vez luces y nada, no se aparta. Pega un frenazo, se queda a medio metro del hombre, baja del camión con la mierda hirviendo y le dice al hombre:
¡¡¡¡Apuesto que vos soy el maricón de la capa verde!!!!
¿Qué querís? Y el hombre contesta:
Bueno pa' empezar, hueón... Anda mostrándome tus documentos...
(Explicación Capa verde: los policías chilenos usan uniforme verde).

710.

A mí no me importa que mi mujer tenga amigos.
- ¡¿No?!
- No, como es lesbiana.

760.
El gallego le dice a la niña:
- Acompáñame a Europa, preciosa.
- Soy lesbiana, le dice la niña.
- No te preocupes, yo te consigo el pasaporte.

711.
Un tío entra en un bar, se sienta al lado de una mujer y le dice directamente:
Hola, muñeca. Apuesto a que los dos hemos venido a este sitio buscando lo mismo.
Si, tienes razón. ¿Qué te parece si buscamos dos mujeres y nos vamos los cuatro juntos a tirar?

712.
Una chica va al médico, y cuando se quita la camiseta para que la examine, el médico ve que tiene una «H» marcada.
- Oiga, y esta «H», ¿de qué es?
- Pues, verá, es que mi novio estudia en Harvard, y está tan orgulloso que no se quita su camiseta con la «H» ni para hacer el amor. Al cabo de unos días, otra chica va a ver a este médico, y ve que tiene una «Y» en el pecho. De nuevo le pregunta, y resulta que el novio de esta chica estudia en Yale. Y a la semana siguiente llega otra chica con una marca en forma de «M»; el medico le dice, sonriendo :
- Déjeme adivinar, usted tiene un novio estudiando en la universidad de Michigan.
- No, pero tengo una amiga estudiando en Wisconsin... ¿por qué lo dice?

MUJERES DE VIDA FÁCIL

713.
Dos niñas de la noche comentan cómo les ha ido en el día. Una de ellas dice:
- A mí me fue pésimo. Encontré a un tipo estupendo que me prometió 50 mil pesos si salía con él.
- Entonces, ¿de qué te quejas?
- Es que era un sádico: le gustaba pegar.
- ¿Sádico? ¿Y te pegó mucho?
- Sí, hasta que le devolví las 50 lucas.

714.
Bill Clinton se va todas las mañanas a hacer jogging y un día se encuentra con una prostituta en el parque.
- Señor Presidente, oiga, por cien dólares le hago un hombre nuevo y Clinton responde amablemente:
- Lo siento, solo tengo veinte dólares. Esto se repite varios días, hasta que Clinton se cansa, y decide salir a correr un día con su esposa, a ver si la puta se daba por aludida. Pero el caso es que cuando la encuentra, la puta se echa a reír.
- Ja, ja, ja, ve señor Presidente, lo que se puede conseguir por veinte dólares.

715.
El tipo se acerca tímidamente a la chica y le dice:
- Señorita, ¿quiere dormir conmigo esta noche?
- Está bien, pero eso le costará $5.000.
- ¿Eso por un rato o por dormir toda la noche?

- No, eso es solo por dormir, si quiere que esté despierta le costará $20.000.

716.
En una calle oscura se acerca un hombre a un rincón donde hay una mujer apoyada en la pared.
- Buenas noches, ¿aceptaría usted mi compañía por $50.000?
- Por 50 mil...claro mi vida.
- De acuerdo. ¡¡¡Compañía atención, firmmm, a la dereeee!!!

717.
Dos prostitutas hablando en la calle.
- Oye, ¿tú qué le vas a pedir a Santa Claus?
- ¿Yo? lo mismo que a todo el mundo, $20.000.

718.
En un pueblecito del centro de los Estados Unidos, un viajero de Nueva York estaba viajando en un autobús cuando le matan de un disparo. Llega el sheriff y empieza a preguntar a los numerosos testigos:
- A ver, usted, ¿qué ha pasado?
- Pues verá, sheriff, yo estaba sentado detrás cuando la víctima se sentó junto a esa bella señorita, y le hizo proposiciones deshonestas.
- ¿Qué fue exactamente lo que le dijo?
- Le ofreció 20 dólares y pagar la habitación del hotel. (Gestos de asombro entre los curiosos) Obviamente, la señorita se quedó sumamente sorprendida.
- Ya me imagino.
- Pero luego le ofreció 30 dólares, y más tarde 40 dólares. Se oyen voces de asombro entre el público. El sheriff se dirige a la mujer.
- Y usted ¿que hizo, joven?
- Nada... no podía creérmelo. El tipo siguió subiendo el precio, y llego a 100 dólares. Y todo esto hablando en

voz alta, de forma que todo el autobús le estaba oyendo. Entonces se levantó el Mike... Se oyen más comentarios entre la gente.
- Ya veo... entonces, ¿qué es lo que hizo usted? (dirigiéndose al acusado).
- Mire, sheriff, yo soy un hombre pacífico, todo el mundo que me conoce sabe que nunca provoco a nadie (se oye un murmullo de aprobación entre el público). Pero es que no pude aguantarme al ver que llegaba un forastero y que por el mero hecho de tener dinero empezaba a decirle semejantes tonterías a esta buena vecina, así que me levanté y sin mediar una palabra le pegué un tiro en la nuca con mi revólver. Se oye un cuchicheo procedente de los curiosos, cuyo tono indica que todos ellos están de acuerdo en que el forastero se lo merecía. El sheriff no podía creerlo.
- Pero, bueno, no lo entiendo, ¿y por qué le mató, si total no le había hecho nada a usted?
- ¿Que no me había hecho nada? Pero bueno, si es que no puede ser, ¡no podemos consentir que un forastero venga a subir los precios de esa manera!

719.

Llega un tipo a un prostíbulo y grita: "yo pago bien pero soy sádico..." Todas las prostitutas se corrieron pero menos una que estaba necesitada de dinero y le dijo ¿cuál es tu fantasía? Él le dijo: A mí me gusta hacerlo varias veces pero entre polvo y polvo me gusta dormirme una siestecita de media hora y durante la siesta me tienes que agarrar el aparato con las dos manos pero por ningún motivo soltarlo. Así lo hicieron varias veces hasta que la niña no aguantó más y le preguntó:
- Oiga, disculpe pero, ¿qué raro el sadismo suyo?...
- Qué sadismo y ocho cuartos lo que pasa es que estoy aburrido que me roben la billetera mientras duermo.

GALLEGOS

Si algún gallego no entiende los siguientes chistes, no se preocupe, que en mi próximo libro se los explico.

720.
Dos gallegos naufragan y están desde hace varios días en un iceberg.
De pronto uno le dice al otro:
- Manolo, estamos salvados.
- ¿Y por qué dices eso, Paco?
- Hombre, porque ahí viene el Titanic.

721.
Al gallego le suena el celular y dice:
- María, ¿y cómo supiste que estaba en un motel?

722.
Una pareja de gallegos se casan, pero no tienen idea de qué es lo que hay que hacer, así que van a ver a un sexólogo. El tipo empieza a explicarles con un libro, les muestra fotos, les pone videos pero no hay caso que puedan entenderlo, así que le dice a la esposa que se desnude, la tumba en una camilla y se la tira delante del marido. Al acabar, les pregunta:
- Bueno, ¿les queda claro lo que hay que hacer? Y el gallego responde:
- Sí, doctor. Y dígame, ¿cuándo tenemos que volver?

723.
- El otro día me he encontrado un maletín.
- ¿Y qué tenía?
- Bueno, estaba lleno de documentos vencidos y cheques protestados.

- ¿Y qué hiciste?
- Bueno, los estoy pagando, pero de a poco, eh.

775.
- Paco, el otro día me he encontrado tres granadas, qué hago...
- Pues, llévalas a la policía.
- ¿Y si me explota una?
- Pues le mientes... le dices que te encontraste dos.

724.
- Paco, te apuesto a que mi señora es más bruta que la tuya.
- No, la mía sí que es bruta. El otro día invité a unos amigos que son vegetarianos a comer y la bruta les sirvió una parrillada.
- Eso no es nada. La mía se fue de vacaciones con sus amigas y llevó varias cajas de condones. Será bruta, si ella no tiene pene...

725.
- Manolo, he batido un récord mundial... he resuelto un rompecabezas en seis meses.
- ¿Cómo es eso?
- Claro, si la caja decía de cuatro a cinco años.

726.
- Rápido, rápido, Manolo, ¿cuánto es 3+3?
- Siete.
- ¿Estás seguro?
- Bueno, ¿qué me pediste?, rapidez o precisión.

727.
- Doctor, estos anteojos que me recetó no sirven porque me orino entero.
- A ver, explíquese.

- Claro, doctor, cuando voy al baño saco el aparato, lo veo tan grande que digo: esto no es mío, entonces lo guardo y me orino entero.

728.
El gallego se sube al avión y se sienta en business class y la azafata contaba y contaba y le sobraba un pasajero. De pronto le pide el boleto al gallego y le dice:
- Ah, es usted... lo que pasa es que tiene un pasaje económico y está sentado en business class... para eso tiene que tener otro tipo de boleto.
- No sé yo... yo lo vi primero y de aquí no me mueve nadie.
- La azafata llama al capitán y éste le dice:
- Déjemelo a mí no más.... se acerca al gallego le habla algo al oído y se va.
- El gallego se para y se va a sentar al último asiento.
La azafata sorprendida le pregunta: ¿qué le dijo?
- Muy sencillo... le dije que esta parte del avión todavía no va a salir.

729.
El tipo llega a Galicia a visitar a su familia y ve que en todas partes hay cajas de té. Las calles llenas de cajas de té, cuando llega a la casa tenían té por todas partes. Él les pregunta asombrado:
- ¿Por qué tanto té?, ¿acaso se han vuelto adictos?
- Y le contestan : ¿es que no viste a la entrada del pueblo el cartel?
- ¿Y qué dice?
- Cristo viene, prepárate.

730.
El gallego se va al estadio a ver a su equipo que jugaba ese día. De pronto empiezan a salir perfectamente uniformados, todos con medias negras, pantalón negro, cami-

seta blanca y con el número negro en la espalda. Un solo gallego llevaba el número rojo en la espalda. Al árbitro le llamó la atención y le dijo:
- ¿Por qué todos tienen el número negro y tú lo tienes rojo?
- Hombre, porque yo me llamo Domingo.

731.
En el estadio, de arriba gritan:
- ¡Manolo! El gallego se para, mira para arriba y no ve al que llama. Nuevamente gritan:
- ¡Manolo! El gallego se vuelve a parar y no ve al que grita. Otra vez se escucha:
- ¡Manolo! Y el gallego se para y dice:
- Oye, cállate y déjame ver el partido tranquilo. Ademas, yo no me llamo Manolo.

732.
Dicen que los gallegos no son tan tontos. Son los inventores del limpiaparabrisas...Claro que después los gringos lo perfeccionaron y lo pusieron por fuera del vidrio...

733.
Dicen que dos gallegos se tiraron al vacío y uno cayó afuera.

734.
Llega el gallego a un prostíbulo y le dice a la madam:
- ¿Cuánto vale quedarse con una chica?
- Bueno, le dice ella, depende del tiempo...
- A ver, supongamos un día de lluvia.

735.
Viene el gallego caminando con las piernas abiertas y le dice el amigo:
- Paco, ¿qué te pasa?

- Es que vengo del médico y me encontró enfermo del hígado.
- ¿Y por qué caminas así?
- Es que me dijo que los huevos ni tocarlos.

736.
¿Saben cómo usan el condón los gallegos?
- Le hacen un hoyito en la punta para orinar.

737.
Un gallego, aburrido de ser tratado de tonto, decidió ir a los EE.UU. para aprender a ser listo. Al llegar buscó a un gringo que tenía fama de listo y le pidió que le diera una lección. El gringo puso la mano abierta junto a la muralla y le pidió que diera un golpe fuerte con el puño; el gallego agarró vuelo y dio un tremendo puñete, en el momento que el gringo sacaba la mano, así que llegó a ver estrellas. Convencido de haber aprendido a ser listo se fue a España a demostrárselo a los demás gallegos, que en ese momento estaban en el campo.
Y Paco, aprendiste a ser listo, le preguntaron.
- Si, Manolo, mira, yo pongo la mano delante de la muralla y tú pegas un puñete
- Pero si aquí no hay murallas.
- No importa, pega aquí... y se pone la mano sobre la nariz.

738.
Tanto insistieron los gallegos ante la NASA, que por fin enviaron a uno en un viaje espacial, en compañía de un
mono. Antes de despegar, le dieron las instrucciones: «Cuando se encienda la luz roja, las órdenes serán para ti y si se prende la luz verde, serán para el mono». Al poco rato de despegar se encendió la luz verde y el

mono recibió las órdenes:
- Corrige rumbo. Informa velocidad. Verifica temperatura. Minutos después se volvió a encender la luz verde y decía:
- Enciende cohetes direccionales. Corrige tres grados. Ajusta presión de cabina. Así, durante seis horas. De pronto se encendió la luz roja y el gallego feliz tomo la tarjeta con sus primeras instrucciones que decía:
- «Dale de comer al mono».

739.
¿ En el cuartel de policía, el detective gallego da cuenta a su superior con tono triunfal:
- Jefe, ya interrogamos al hombre rana.
- ¿Qué dijo?
- ¡¡¡Cruac!!!

740.
- Pepe, limpia mis zapatillas y las botas. Al rato...
- Pepe, ¿ dónde están mis zapatillas ?
- ¡Las limpié y las boté!

741.
Un gallego le cuenta a otro:
- En el club gallego tuvimos un terrible incendio.
- ¿Y llegaron pronto los bomberos?
- Sí, pero no los dejamos entrar.
- ¿Y por qué?
- Hombre, porque no eran socios.

742.
Un gallego a otro:
- Me regalaron estos esquíes acuáticos y no he podido usarlos.
- ¿Y por qué?
- Es que no he podido encontrar un lago con pendiente.

743.
- ¿Cómo sabes que Adán era gallego? le pregunta un amigo a otro...
- Porque sólo un gallego puede estar delante de una mujer desnuda y ponerse a comer manzanas.

744.
Un gallego le pregunta a otro:
- ¿Y tú cómo te llamas?
- Me llamo Paco, como todos los demás.
- ¿Cómo es eso de «como todos los demás»?
- Sí, como todos los demás que se llaman Paco.

745.
- ¿Saben cuántos gallegos se necesitan para ordeñar una vaca?
- No, ¿cuántos?
- 24 gallegos.
- ¿Y por qué?
- Porque 4 le afirman las ubres y los otros 20 suben y bajan la vaca.

746.
Un gallego pasa con un bidón de 50 litros al hombro y el amigo le dice:
- Oye, Paco, ¿adónde vas con ese bidón al hombro?
- Voy al médico, Manolo.
- ¿Acaso te sientes mal?
- No, lo que pasa es que el doctor me dijo que tenía que traerle la orina cada tres meses.

747.
- Oye, Paco, ¿qué pasa que llevas un zapato de cada color?
- Nada, Manolo, lo que pasa es que me gustan. Y cómo me gustarán que en mi casa tengo otro par igual.

748.

Una mujer quería tener un hijo igualito a Julio Iglesias.
Recurrió a un banco de semen. Ahí le garantizaron que sería idéntico a Julio Iglesias, tal como ella quería. Nueve meses después, la mujer tuvo un niño igualito al cantante. Era tan parecido que estaba todo el tiempo con la mano derecha junto al corazón y parecía sostener un micrófono con la izquierda.
Cuando el bebé cumplió un año, la semejanza era increíble.
Tenía entradas muy pronunciadas en la frente, vivía rodeado por puras bebitas rubias y tenía seis bebés guardaespaldas.
La mamá quiso conocer al donante y se citaron en un bar.
Era un viejito chico, sin dientes. Lo único que tenían en común era que ambos eran gallegos.
- No lo puedo creer. Debe ser un error, señor. El niño es igualito a Julio Iglesias.
- Tranquila, señora, hay una explicación lógica. En casa somos doce: once mujeres y yo. Mis hijas adoran a J.L. tienen todos sus discos. Mi madre es fanática. Mi suegra es la presidenta del fan club. etc. En definitiva ¡¡Tengo los huevos llenos de Julio Iglesias!!

749.

- Oye, Paco, ¿tú sabes como se hace el amor?
- No, Manolo, porque yo lo compro hecho.

750.

El tipo entra al almacén del gallego y grita:
- ¡Quiero un kilo de azúcar!
- ¡Hombre!, dice el gallego, ¡No tan alto, no me grite! ¿Cree que soy sordo? Bueno, ¿los quiere, con o sin filtro?

751.
Manolo le dice a su amigo:
- Paco ¡te vendo el auto!
- ¿Y para qué quiero el auto vendado, Manolo?

752.
- ¿Sabes cómo hacen los gallegos para tener mellizos?
- No, ¿cómo?
- Le hacen dos hoyitos al condón.

753.
Dos gallegos conversan:
- Paco, ¿ Conoces algún remedio para la caída del pelo ?
- Claro, yo se de uno muy bueno: agua y ajo.
- ¿Y cómo es eso?
- Hombre, muy fácil, aguantarse y ajoderse.

754.
Definición de la incredulidad gallega:
Si usted le dice a los gallegos que ha nacido un niño en España que tiene tres cabezas, cuatro piernas y 20 brazos, seguro que le creerá. Pero si usted pone un cartel en el banco de la plaza que dice pintura fresca, seguro que todos van a pasar el dedo para cerciorarse. ¡Eso es incredulidad gallega!

755.
Un gallego toma el metro de Santiago y se sienta y se mira reflejado en la ventana. Caramba, dice, a ese tipo yo lo conozco, pero, ¿dónde lo he visto? ¡Ah, ya sé! ¡En la peluquería!

756.
Una pareja de gallegos. Él le dice a ella:
- Ay, Manuela, qué buena que estás, ¡cada día más buena!
- Ay, no seas exagerado, Manolo.
- Ta' bien, Manuela, cada dos días, cada dos días.

757.
Noticiario gallego:
- Un avión Boeing ha caído sobre el cementerio local. El aparato ha quedado totalmente destrozado. Los bomberos remueven los escombros y cavan para ubicar a las víctimas. Hasta el momento se han encontrado 3.247 cadáveres.

758.
Manolo se casó con la Pilarica. Él no lo sabía, pero la Pilarica había pasado de mano en mano antes de conocerlo. La noche de bodas la pasaron en el hotel del pueblo. Como los lugareños eran muy chismosos, se amontonaron junto a la puerta del cuarto para oír lo que sucedía. Lo primero que escucharon fue a Manolo que decía:
- Ahora voy a besarte como nadie, Pilarica. Afuera se corrió el rumor:
- ¡La va a besar! ¡La va a besar!
- Ahora voy a abrazarte como nadie, Pilarica.
- ¡La va a abrazar! ¡La va a abrazar!
- ¡Y ahora voy a hacerte lo que nadie te ha hecho antes, Pilarica!
- ¡La va a matar! ¡La va a matar!

759.
Aparece un jinete enmascarado y le dice al gallego:
- ¿Sabes quién soy?
- No, le contesta el gallego.
- Entonces te voy a dar una pista... y le dibuja una Z en un árbol...Y ahora ¿Sabes quién soy?
- Sí, ahora sé, Zuperman.

760.
El galleguito a su madre:
- ¿Puedo ir a ver el eclipse, mamá?
- Bueno, pero no te acerques demasiado.

761.

Los dos náufragos gallegos llevaban dos años en aquella isla. Dos años de abstinencia absoluta. Finalmente, uno de ellos enfrentó el tema y propuso:

- Deberíamos turnarnos. Un día te pones tú, otro día me pongo yo. Por lo menos tendremos un desahogo.
- Pero ¿acaso estás loco? ¿Qué dices? A pesar de la indignación, las resistencias fueron cediendo. En definitiva, una tarde, el reticente se puso en posición y el otro lo calzó. Cuando estaban en lo mejor, el de arriba comenzó a acariciarle el pelo y a besarle la oreja. El de abajo sumamente enfadado le dijo:
- Oye tú, mariconadas no, ¿eh?

762.

Dos barcos estaban amarrados en el puerto. Uno era inglés. El otro, gallego.

Una noche el marinero González salió a cubierta. Apenas se asomó, desde el buque inglés se escuchó que alguien gritaba:
- ¡Gonzáaaleeez! El gallego contestó:
- ¡Sí...soy yo! ¡ándate a la puta madre que te parió! El gallego se mordió de rabia, trató de ver quién lo llamaba, pero sólo vio obscuridad. A la noche siguiente lo mismo:
- Gonzáaaleeez.
- ¿Qué? ¡ándate a la puta madre que te parió! Así varias veces hasta que decidió contarle al capitán. Este le dio el siguiente consejo:
- Salga a cubierta y grite ¡Smith , Smith!, cuando le contesten insúltelos igual que ellos. Salió a cubierta y gritó:
- ¡Smith, Smith! Del barco inglés le contestaron:
- ¿Quién lo llama?
- González.
- ¿González?
- Sí.
- ¡Ándate a la puta madre que te parió!

763.
¿Cómo andas de tus hemorroides, Paco?
- Casi sanas ya. Tengo un amigo enfermero que me las está curando maravillosamente, Manolo.
- ¿Se trata de algún método doloroso?
- ¡Que va! Hasta te diría que tiene un cierto gustillo.
- ¿Y cómo es?
- Verás, mi amigo me tumba boca abajo, me pone una mano sobre el hombro izquierdo, la otra mano sobre el hombro derecho.... ¡Hostias! ¿entonces con qué carajo me da el masaje en el culo?

764.
Aunque no trascendió hasta ahora, se ha sabido que los gallegos colaboraron con la guerra de Vietnam: Mandaron un submarino con 400 paracaidistas.

765.
Va el gallego a la iglesia:
- Padre, ¿usted es el que aparta las chicas de la mala vida?
- Sí, hijo. Eso procuro.
- ¿Tendría la bondad de apartarme dos para el domingo?

766.
- He leído por ahí, Paco, que las compañías aéreas están perdiendo últimamente muchos pasajeros.
- Es que no cierran bien las puertas antes de volar, Pepe.

767.
El gallego era tan, pero tan tonto, que recién a los 56 años se dio cuenta de que no se llamaba: «Tú te callas».

768.
Una flotilla de ovnis aterrizó en Galicia. Se marcharon casi inmediatamente al no encontrar vida inteligente.

769.
- Pero, Paco, ¿por qué llevas el auto repleto de cebollas?
- Es que el médico me ha dicho que la cebolla es buenísima para la circulación.

770.
- ¡Hola! ¿Manolo? Te llamo por la cortadora de pasto.
- ¡Carajo, Pepe, qué bien se escucha!

771.
El gallego había entrado por primera vez en la casa de su novia. Cuando la familia los dejó solos en el salón, el gallego le dijo a la muchacha:
- María, ¿me dejas que te toque la amapola?
- ¿¿¿ Qué ??? ¿Cómo dices, Manolo?
- Que si me dejas que te toque la amapola. Mimoseando un poco, María finalmente accedió:
- Pero solo una vez, mira que está mi familia en el otro cuarto.
- Manolo se sentó al piano y cantó: ¡Amapooolaaa, lindísima amaaapooola!

772.
Se organiza una expedición conjunta entre italianos y gallegos que visitan Londres. Los suben a todos en uno de esos buses de dos pisos. Los italianos abajo y los gallegos arriba. Comienza el recorrido. Los italianos son pura alegría. Van cantando y haciendo bromas.

Después de una hora advierten que no han oído en ni un momento a los gallegos. Para ver que sucede, suben la escalerilla y ven a todos los gallegos aterrorizados, sudando, afirmados de los pasamanos.
- ¡Pero ¿qué les pasa? Ustedes aquí muertos de terror y nosotros bajo, divirtiéndonos como locos....
- ¡Hombre, claro! ¡Es que ustedes tienen chofer!

773.
Jugaba el Real Madrid por primera vez con Zamorano en La Coruña, se produjo la primera falta y los gallegos tuvieron que armar la barrera. Iba a patear el Bam Bam. Los cinco gallegos armaron la barrera de espaldas y mirando su propio arco. El entrenador les grito:
- Pero ¿que hacéis, coño? Armen la barrera de espaldas al arco.
- Ah si... ¡Y nos perdemos el gol de Zamorano!

774.
La Eta cometió un atentado en La Coruña. Hubo 45 muertos. La policía gallega reconstituyó el hecho: otros 45 muertos.

775.
Un tipo, gran conocedor de la ineficacia de los médicos gallegos, como sufría de epilepsia, circulaba por Galicia con un cartelito colgado al cuello que decía:
- «Esto es un ataque de epilepsia. ¡Atención! ¡No confundirse! Del apéndice ya fui operado cinco veces.»

776.
Cuando los reyes de España visitaron México, la nutrida colonia española les ofreció un banquete. Al ingresar al salón repleto de sus compatriotas, el rey preguntó:
- ¿Cómo están vuestras mercedes? Los dos mil gallegos contestaron casi a coro:
- ¡Muy bien, pero los repuestos están cada día más caros!

777.
Después de un accidente automovilístico, dos policías gallegos toman nota de los destrozos.
- Anota, Manolo: encontramos un brazo junto al árbol, una pierna en la carretera, dos dedos sobre la hierba y la cabeza en la acera.
- ¿Como se escribe acera, Pedro? ¿Con hache o sin hache?

- Pedro piensa unos segundos. Luego patea la cabeza y dice: La cabeza en la carretera...

778.
¿Qué sale si cogen un gallego y una pecosa?
- No sé
- Un dado.

779.
Unos turistas se interesan por el viejo campesino gallego que tomaba el sol en la puerta de su casa.
- Tiene unas bonitas tierras aquí.
- Sí, pero no crece nada.
- ¿Cómo que no crece nada? Si planta tomates seguro que le crecen.
- ¡Ah, bueno, plantando, claro!

780.
- ¿Qué es un perro guía, Manolo?
- ¡Coño! Nada más sencillo: es un perro que se sabe todos los teléfonos de memoria, Paco.

781.
Un gallego se mete en el granero y comienza a saltar, desde lo alto, encima del forraje. Lo hace una y otra vez. Cada vez con mayor violencia. Hasta que entra otro peón y le pregunta:
- ¿Y tú qué coño haces?
- Hombre,¿que no ves? ¡Me estoy matando a pajas!

782.
El viejito gallego va al médico:
- Doctor, verá usted, me duelen mucho los huevos.
- Muy bien. Vamos a ver...El médico lo empezó a revisar minuciosamente. Después de veinte minutos, le pregunta: ¿Usted está seguro que le duelen? Porque a decir ver-

dad yo no veo nada malo.
- No, doctor, en realidad no me duelen. El médico extrañadísimo preguntó:
- Y entonces ¿para qué ha venido?
- Pues verá: como estaba yo muy solo en casa me dije: vamos a ver si encontramos a alguien que nos toque los cojones. Y aquí me tiene usted, doctor.

783.

El gallego está cerrando su almacén, cuando aparecen dos asaltantes y le dicen:
- Entrega todo el dinero que lleves o te pegamos un tiro.
- ¡Déjenme en paz! No llevo dinero, os lo juro. Los asaltantes empiezan a darle patadas, puñetes, palos... Cuando el gallego estaba casi desmayado, uno de los asaltantes le mete la mano en el bolsillo y saca la billetera con diez mil pesos y dice:
- ¡Si será pelotudo este gallego! Por diez mil casi se deja matar.
- ¿Pelotudo yo? ¡Ja! ¡Y los veinte mil dólares que llevo escondido en los calzoncillos? ¿Qué?

784.

El Drácula gallego llega a su casa a medianoche. Tiene la boca ensangrentada. Le dice a su mujer:
- ¡No sabes el banquetazo que me he dado! La mujer celosa le responde:
- Ya veo. Vienes chorreando sangre. Seguro que te has echado al cuello de la primera que pasó y la chupaste hasta el delirio...
- No mujer, estaba tan obscuro que me di un banquetazo.... me fui de hocico contra la banqueta.

785.
Estaban a punto de fusilar a un argentino, un italiano y un gallego. Cuando están apuntando, el argentino grita:
- ¡Terremoto!, ¡terremoto! Los soldados se desbandan y el argentino escapa. Le toca al italiano. Justo cuando están por disparar, el tano grita:
- ¡Inundación!, ¡Inundación!. Los soldados huyen y el tano escapa. Le toca el turno al gallego. Los soldados apuntan y el gallego grita:
- ¡Fuego!, ¡Fuego!

786.
El gallego va por primera vez al banco a cobrar un cheque. Cuando lo llaman a la ventanilla para pagarle, el empleado le preguntó:
- ¿Cómo quiere que le dé el dinero? El gallego piensa un rato y le dice:
- A ver qué le parece. Yo alargo la mano y usted me lo pone encima. ¿Vale?

787.
Mandaron a Manolo a pintar unas pancartas políticas y hubo que botarlas todas. En vez de poner «El sida no tiene cura», escribió: «El cura no tiene sida».

788.
Entra el gallego a su dormitorio y encuentra a su mujer con un tipo.
- ¡Desgraciada, mala mujer! Abre el armario y saca un revólver.
- ¿Que vas a hacer Manolo? grita desesperada la mujer.
- Primero te voy a matar y luego me pegaré un tiro. Allí le dice el amante:
- Pero hombre ¿cómo va a hacer eso?
- Y usted se calla, porque después de pegarme el tiro lo voy a matar por hijo de puta.

789.
El gallego llama al médico por teléfono y le dice:
- Doctor, ¿es posible cambiarle los supositorios que le recetó a mi señora por gotas?
- ¿Y eso por qué?
- ¡Hombre! ¡Porque se le pegan en los dientes!

790.
Llega el gallego a la morgue :
- Busco a un amigo mío que se ahogó ayer.
- ¿Puede darme alguna seña particular de su amigo para identificarlo?
- Sí, el pobre era sordomudo.

791.
El nuevo rico gallego compraba de todo. Aunque no supiera para qué servía, ni cómo tenía que usar lo que compraba. Un día se compró un Mercedes Benz 220 y para hacerlo partir, lo enchufó.

792.
- Oye Paco, ¿por qué traes esa cara?
- Es que no he podido dormir hace días; ronco tan fuerte, que me despierto yo mismo.
- ¡Pero hombre! Eso tiene fácil solución. Cuando estés roncando y te despiertes, te vas a dormir a otra habitación y asunto arreglado.

793.
- A ver, Manolo, dime:
- ¿Por qué diablos todos los gallegos contestan siempre con una pregunta?
- ¡Hombre! ¿Y por qué no?

794.
- ¿Has visto Manolo que en el Banco de Galicia están

buscando un cajero?
- Pero si la semana pasada tomaron uno nuevo.
- A ese cajero precisamente es el que están buscando.

795.
- Llevé a mi señora donde un pintor. La hizo posar dos horas y le hizo un retrete.
- Un retrato será, Paco.
- No hombre, con esa cara de culo que tiene, lo que salió fue un retrete.

796.
Era un gallego tan bruto, que cuando nació, en vez de bautizarlo, lo patentaron.

797
El gallego entra a un restaurant y ve que sobre la mesa, dentro de un frasco hay dos pelotas de golf que están como adorno.
- Hombre ¿Y esas que son?
- Son pelotitas de golf, le contesta el barman. Días después el gallego regresa al mismo bar. Adentro del frasco hay ahora cuatro pelotitas de golf. Todo canchero el gallego pide una cerveza y le dice al barman:
- Hombre, ¡Veo que cazaron otro golf!

798.
El gallego estuvo dos días sin poder entrar a su auto. Se le quedaron las llaves puestas con toda la familia adentro.

799.
El mudo entra a la farmacia a comprar un condón. Para hacerse entender, coloca el aparato encima del mostrador y, al lado, el dinero justo. El farmacéutico que era gallego, al ver aquello, saca su aparato, lo pone junto al del mudo y como lo tiene cinco centímetros mas largo,

agarra el dinero, lo guarda y le dice:
- La casa gana, muchacho, la casa gana...

800.
¿Saben para que los gallegos ponen cubitos de hielo arriba del televisor?
- Para congelar la imagen.

801.
El policía gallego entró violentamente a los vestuarios del gimnasio y esposó al campeón de los pesos medios. Sin que nadie pudiera intervenir, se lo llevó a la comisaría. Al verlo llegar el capitán, le dijo:
- Pero, ¿por qué carajo trae al campeón detenido?
- Para prevenir, mi capitán. Supe que iba a participar en doce asaltos.

802.
Manolo iba conduciendo por la carretera y en un kilómetro cometió cuarenta infracciones. Un policía, que lo venía siguiendo lo detuvo y le dijo:
- ¿Tiene permiso para conducir?
- Desde luego.
- A ver, muéstremelo.
- ¡Hombre! Para eso tendría que traer a mi padre.
- ¿Y para qué va a traer a su padre?
- ¡Hombre! Porque fue él quien me dijo: Manolo, tienes mi permiso para conducir el coche...

803.
El gallego viajaba por primera vez en avión. Cuando estaban por aterrizar, se acercó la azafata, le dio un chicle y le dijo: Esto es para que no le zumben los oídos durante el aterrizaje. Apenas el gallego tocó tierra, el gallego gritó:
- ¡Oiga señorita! Su truco ha funcionado de maravillas. Ahora, ¿me podría ayudar a despegarme el chicle de las orejas?

804.
El médico mira asustadísimo la radiografía y le dice al gallego:
- Tiene usted una piedra en el riñón.
- Pero que le pasa doctor, acaso nunca ha visto una piedra en el riñón.
- Sí, pero nunca había visto una que dijera: A Santiago 25 kilómetros.

805.
- ¿Sabes por qué los gallegos guardan una botella vacía en el refrigerador?
- No, ¿por qué?
- Por si a las visitas no se les ofrece nada.

806.
Un gallego que jamas leyó nada, se hizo rico de la noche a la mañana y decide culturizarse. Va entonces a la biblioteca y pide un libro. El bibliotecario, hombre intelectual, decide hacerle una broma al gallego y le pasa la guía telefónica. A los pocos días vuelve el gallego a devolver el libro y el bibliotecario le pregunta:
- Y ¿le gustó la novela?
- Bueno, la trama no es muy interesante pero, hombre, ¡que cantidad de personajes!

807.
- ¿Cuándo vas a entender que lo nuestro se ha acabado, María?
- Cuando me la saques, Manolo; cuando me la saques.

808.
El vuelo 234 de la British sufrió un desperfecto en el territorio de Galicia. El piloto, muy experimentado, decidió aterrizar en el aeropuerto mas cercano. Se trataba de uno muy moderno, donde los controladores eran gallegos y además no-

vatos. El capitán empezó a decir:
- Vuelo 234 a torre de control, ¡Tenemos una emergencia! ¡Pido pista!, ¡Pido pista! Silencio. La torre de control no contestaba. Por favor, torre de control, ya no tengo combustible, ¡Pido pista, pido pista! Finalmente se rompió el sonido de la estática y pudo oírse al controlador gallego que decía:
- Ahí va una pista: es redondo y negrito, entra frío y sale calentito. ¿Qué es?

809.
Contratan a un gallego para que pinte las líneas blancas de la carretera. El primer día, pinta diez kilómetros. El segundo día pinta ocho kilómetros. El tercer día pinta cuatro y al cuarto día un kilómetro. Durante los días siguientes, sólo alcanza a pintar algunos metros y una que otra línea discontinua. El capataz, enojadísimo, le pregunta:
- ¿Cómo es posible que el primer día pintaras diez kilómetros y el último no hicieras ni tres metros?
- ¡Hombre, es natural!
- ¿Cómo que es natural?
- ¡Pues sí que es natural! , ¿No ve usted que cada día me queda mucho más lejos el tarro de la pintura?

810.
Los novios gallegos caminan por el puerto de La Coruña. De pronto, les corta el paso un asaltante. En treinta segundos los desvalija. El malhechors está a punto de irse pero mira a la muchacha y lo piensa mejor. Saca un cuchillo, se lo pone en las narices al gallego y le dice:
- Ahora voy a trazar un círculo en el suelo a tu alrededor. Si tú pisas esa raya, te frío. ¿Has entendido, idiota?
- Per-per-perfectamente, dijo el gallego. El asaltante trazó un círculo alrededor del gallego. Se llevó a la muchacha y la violó tres veces y desapareció. Llorando, la galleguita le dijo :
- ¡Eres un cobarde! ¿Por qué no has intervenido?

- ¡Calla, mujer! ¡Ni te imaginas lo que le he hecho a ese hijo de puta! ¡Ni te lo imaginas!
- ¿Qué le has hecho?
- Cuando no me miraba, ¡le pisé la raya dos veces!

811.

Un alemán y un gallego salen de caza. De pronto, ambos disparan a un pato. El animal cae. Los dos dicen que el pato les corresponde. Finalmente el gallego dice:
- Hagamos una cosa. Por turno, uno le da al otro una patada en los huevos. El que consigue aguantar más se queda con el pato.
- ¡De acuerdo!
- Primero pateo yo, dice el gallego.
- El alemán deja la escopeta a un lado y abre las piernas. El gallego toma carrera y le encaja una terrible patada en las pelotas al alemán. Este se pone verde, después amarillo, luego rojo, pero ni un solo quejido. Respira hondo, recobra la respiración y dice:
- Ahora me toca a mí. Abre las piernas, Manolo. Y Manolo se encoge de hombros y le dice:
- ¡Vamos, hombre! ¡Por un pato de mierda no nos vamos a estar peleando!

812.

Estaban los gallegos dando una prueba de inteligencia para demostrar que no eran tan tontos como decían. El entrevistador le dice al primero:
- A cada uno le haremos una pregunta. Ahí va la suya: Cuál es el objeto que se pone en los pies, sirve para que no nos lastimemos... el gallego sudaba... es de cuero, la parte de abajo se llama suela. A ver, a ver,... pensó un rato y luego se arriesgó:
- ¿Zapato?
- ¡Sí, muy bien!, que pase el siguiente.
- El gallego salió y se encontró con su amigo al que le tocaba

el turno y le sopló:
- Zapato, Manolo, la respuesta es zapato.
- Ahí va su pregunta: Se trata de un elemento que tiene cuatro patas, éstas sostienen una tabla lisa, sobre la tabla se puede comer... Manolo agrandado por lo que le sopló el amigo preguntó:
- ¿Tiene cordones?
- No, le dice el tipo.
- Ah, entonces íí Mocasín !!

813.
Manolo y Paco fueron de caza. Salieron con dos escopetas y cinco perros. A la media hora volvieron... a buscar más perros.

814.
¿Cómo se ahorca un gallego?
- Se cuelga con una mano de la rama de un árbol y con la otra se aprieta el cuello.

815.
Un gallego le dice a otro:
- Mi tío llegó a Chile con un par de alpargatas rotas y ahora tiene cuatrocientos millones...
- ¿Y qué hace con tantas alpargatas?

816.
El gallego que por primera vez ve un piano dijo:
- Hombre, mira, un escritorio con dientes.

817.
Un gallego le pregunta a otro:
- ¿Paco tu sabes cómo se llaman los habitantes de Sevilla?
- Todos no.

818.
Oye, Paco le dice la gallega al marido, tenemos que comprarle

una enciclopedia al niño para que vaya a la escuela.
- Qué enciclopedia ni nada, déjalo que siga yendo a pie.

819.
El doctor le dijo al gallego que tenía que comer a la plancha y desde ese día que no va a comer al bar, va a la tintorería.

820.
El capitán del avión decía:
- Llegaremos con una temperatura
de cero grados, y el gallego gritó:
- Hombre que bueno, ni frío ni calor.

821.
Un aviso publicado en un periódico por un gallego decía:
SE PINTAN CASAS A DOMICILIO.

822.
Un gallego le dice a otro:
- Manolo se te cae la baba.
- No importa, Paco, tengo más.

823.
Un gallego le dice a su mujer:
- María, me he clavado una astilla en el dedo.
- Eso te pasa por rascarte la cabeza.

824.
Por los altavoces del aeropuerto se escucha:
- A los gallegos que se encuentran en la losa, se les ruega retirarse de la losa y dejarse de tirar migas, que los aviones bajan solos.

825.
Llega el gallego al doctor y le dice:

- Sabe, doctor, odio a todo el mundo, odio a mi familia, a mis amigos, a la humanidad, incluso lo odio a usted, doctor.
- Pues me parece bien, pero por qué me lo dice a mi.
- Porque allá afuera dice que usted es el doctor del odio.
- Del oído, hombre, del oído.

826.
Un gallego recién casado le dice a su esposa:
- María, tenemos que divorciarnos.
- ¿Y por qué Paco, si soy virgen?
- Por eso mismo, ¿cómo voy a tomar yo lo que han despreciado los otros?

827.
Un tipo llega a un bar y dice:
- Rápido, quiero una cerveza; Y el barman que era gallego le pregunta:
- ¿Hombre usted es bombero?
- Sí, macho ¿y cómo lo supo?
- Pues en la forma como usted puso el codo en la barra, en la entonación de la voz, en el casco, la manguera, las botas...

828.
¿Cómo se sabe que un gallego acaba de usar el computador?
- Fácil, la pantalla esta llena de líquido corrector.

829.
Entra un gallego a un banco con un gatito chiquitito en la mano. Se va al centro de la sala, se sube a una silla y grita:
- ¡¡¡Arriba las manos todos o aprieto el gatillo!!!

830.
- Oye, dime un número del uno al cien.
- Trece.

- Cuanto más me la mamas más me crece.
- Ja, ja, que bueno, cuando vaya a mi casa se lo haré a mi mujer. Llega este hombre a casa y le dice a la mujer:
- Hola, María, dime un número entre uno y cien.
- Veinticinco.
- Mierda, no. Dime otro.
- Cuarenta y dos.
- Coño, no. Inténtalo otra vez.
- Sesenta y nueve.
- NO, COÑO, DI TRECE, DI TRECE!.
- Trece.
- Trece, cuanto más me la chupas..., cuanto más me la mamas..., mierda no me acuerdo, pero de que me la mamas, me la mamas.

831.
¿Por qué el gallego le dio seis vueltas a la manzana en su coche nuevo?
- No sabía como apagar el intermitente.

832.
¿Cuál es el día del gallego?
- El día menos pensado.

833
¿Cómo manda un gallego un fax confidencial?
- Pues, doblado.

834.
¿Por qué causa los perros gallegos son ÑATOS?
- Es que les da por perseguir a los coches estacionados.

835.
¿Por qué causa los gallegos no pueden entrar a la mafia?
- Es que los mandan por coca y traen pepsi.

836.
Le dice un gallego a otro:
- Oye, Venancio, ¿cuántos son dos más dos?
- ¿No me puedes dar mas datos?

837.
¿Por qué los gallegos se suben de guayabera a los aviones?
- Porque adentro dice «no smoking».

838.
Dos gallegos escapan del manicomio, pero en lugar de huir empiezan a darle vueltas al hospital. Llaman a la policía y el uniformado que llega es también un gallego.
- ¿Cuál es el problema? Le explican y le dicen «atrápelos». El uniformado responde:
- Pues no va a ser sencillo, ¿no ve que me llevan muchas vueltas de ventaja?

839.
Aterriza el avión de Iberia en México y el piloto, que es gallego, reflexiona:
- ¿Por qué será que los mexicanos hacen las pistas tan cortas y en cambio las hacen tan anchas?

840.
Los gallegos han lanzado un candidato a la gobernación de Galicia... ya han pasado dos días y no saben dónde ha caído.

841.
A un gallego lo detiene un policía y éste le dice:
- Déme su nombre y apellido.
- ¿Está Ud. loco? ¿y después cómo me llamo?

842.
¿Por qué los conductores de televisión gallegos se ponen abrigos?
- Porque van a salir al aire.

843.
¿Qué hace una gallega tirándose del balcón de un octavo piso con las piernas abiertas?...
- Está probando las nuevas toallitas con alas protectoras.

844.
¿Por qué enloqueció una prostituta gallega?...
- Porque se enteró que las demás cobraban.

845.
Un gallego entra a un baño público y el encargado le pregunta:
- ¿Necesita papel?
- ¡No, hombre!, yo cago de memoria.

846.
Dos gallegos:
- Mira, tío, en esta bolsa tengo unas cervezas, si adivinas cuántas hay te puedes quedar con las seis.

847.
Está el matrimonio gallego en la cama en su noche de bodas y el marido no mostraba ningún interés. Entonces le dice la mujer:
- Cariño, tengo frío...

- Te voy a traer una manta.
- Cariño, sigo teniendo frío...
- Espera, te traigo otra manta ... Así están 7 mantas, en esto que le dice la mujer:
- Pepe, tú sabes que yo tengo un agujerito y contesta Pepe :
- ¡Anda bruta! ¡¡Por ahí es por donde te entra el frío!!

848.
¿Por qué las gallegas no le dan el pecho a sus hijos?
- Porque los pezones les duelen demasiado al hervirlos.

849.
¿Por qué los gallegos querían instalar iglesias en todos los aeropuertos?...
- Para confirmar los vuelos.

850.
¿Por qué los gallegos guardan los periódicos en el refrigerador?
- Para tener noticias frescas.

851.
Dos gallegos en un coche.
- Oye, bájate a ver si me funciona el intermitente.
- Ahora sí, ahora no, ahora sí, ahora no,...

852.
Buenos días. Quería unas gafas para leer.
- ¿Otras? Si ya le vendí unas ayer.
- Si, pero es que esas ya me las he leído.

853.
Ultimos inventos gallegos :
- El helicóptero con asiento eyectable.
- La linterna con batería solar.

- Un teléfono para sordos que en vez de timbre tiene una luz.
- Los fósforos a prueba de fuego.
- Las bolsas de té impermeables.
- Paracaídas con apertura por impacto.
- La cartera hecha con piel de pene de elefante. Cuando la frotas se convierte en maletín.
- Las puertas de correderas para submarinos.

GENIOS

Al único «GENIO» que yo le temo, es al de mi señora, cuando llego a casa de amanecida...

854.
Un tipo, en un viaje por Arabia, se encuentra una lámpara y al frotarla le aparece un genio que le dice:
- He esperado tres mil años, así que pide tres deseos y te los concederé; pero te advierto que a tu rival en amores le daré el doble de lo que tú me pidas.
- Mira, quiero ser muy rico.
- Ya lo eres, pero tu rival es el doble...
- Quiero ser muy poderoso.
- Ya lo eres, pero tu rival es el doble. Ahora te queda el último deseo, así que piensa bien lo que vas a pedir.
- Ya sé, quiero que me cortes **UN** testículo.

855.
Un borracho naufraga en una isla desierta y pasa allí más de 20 años hasta que un día se encuentra una botella en la playa, y al abrirla sale un genio que le concede dos deseos. El primer deseo que pide el borracho es una botella de vino que no se acabe nunca. El genio se lo concede; aparece una botella en la mano del borracho, que se echa un larguísimo trago, pero cuando acaba y vuelve a mirar la botella ve que sigue estando llena.
- Hombre, genio, qué maravilla de botella, voy a ser tan feliz con ella.
- Bueno, ¿y cuál va a ser tu segundo deseo?
- Hum... ¿me podrías dar otra botellita igual?

856.
Al bar ingresa un tipo de una pinta impresionante en un flamante auto y con un loro sobre el hombro. El garzón muy atento le pregunta:
- ¿Qué desea comer, señor?
- Tráigame, un plato de lazañas, para mí y cuatro platos para el loro. Al rato lo llama y le dice:
- Tráigame una copa de helados para mí y unas diez copas de helados para el loro. El garzón no aguanta más la curiosidad y le dice:
- Debe ser muy regalón el lorito para que usted lo alimente así y se preocupe tanto de él.
- No, hombre, lo que pasa es que en un viaje encontré una botella y se me apareció un genio y me dijo que pidiera tres deseos y yo le pedí que me diera buena pinta, mucha plata y un pajaro insaciable y me trajo este loro conch......

HUASOS

El huaso es el personaje típico de Chile, así como el gaucho es en Argentina y el hombre rana en Bolivia...

857.
La joven santiaguina llega al campo y se atreve a ordeñar una vaca. Cuando lo está haciendo le pregunta a un huaso:
- ¿No le sorprende que siendo de la ciudad sepa ordeñar?
- A mí no me sorprende pa' na. El sorprendido es el toro que es primera vez que lo ordeñan.

858.
A un huaso lo pillaron haciéndole el amor a una vaca y el que lo sorprendió le dijo:
- Degenerado, ¿cómo se te ocurre estarle haciendo el amor a una vaca en pleno campo?
- Y qué querís ¿que la lleve a un motel?

859.
Iba un turista por el sur en un Mercedes Benz último modelo a 200 Km. por hora en la noche y de repente aparece un huaso en una carreta sin luces y sin ninguna señalización, por lo que no alcanzó a frenar el auto y lo chocó lanzando a la carreta lejos. El turista se bajó del auto y con una linterna empezó a buscar. Lo primero que vio fue al perro que estaba muy malherido y sacando una pistola dijo:
- Pobre animal, lo voy a matar para que no sufra y le pego un balazo. Siguió caminando y encontró al caballo en las mismas condiciones, así que también le dio un balazo, de pronto miró para arriba y en la copa de un árbol estaba el huaso todo maltrecho, con un ojo colgando los

brazos quebrados, etc.. por lo que le preguntó:
- ¿Y usted cómo se encuentra?
- Mire, patrón, parece mentira pero a mí no me paso na'.

860.
Un tipo va por el campo en un auto último modelo y ve a un campesino montado en una vaca, se acerca a él y le dice:
- Oiga, amigo, esa vaca corre casi igual que un caballo y el huaso le contesta:
- Está equivocado, patrón, esta vaca corre mucho más rápido que un caballo y si quiere comprobarlo, amarrémosla al auto y verá. Efectivamente, así lo hicieron y el tipo aceleró a 50 km/hora y la vaca corría detrás como si nada. Aceleró a 80 Km y la vaca seguía corriendo. Aceleró a 100 Km y al mirar por el espejo vio que la vaca traía la lengua afuera así que le dijo al huaso:
- Voy a parar porque la vaca trae la lengua afuera.
- ¿La trae hacia abajo o hacia el lado? preguntó el huaso.
- Hacia el lado contesto el tipo.
- Entonces, acelere patrón, porque viene señalizando pa' adelantar.

861.
Aviso en un periódico local:
- Agricultor de treinta años, excelente salud, gran trabajador, propietario de un hermoso campo, se casaría con propietaria de tractor. Por favor enviar foto reciente... del tractor.

LOCOS

El otro día visité el manicomio y me di cuenta que ninguno de los enfermos quiere ser «Loco»...ahora quieren ser «Erizos».

862.
- ¡Alo!... ¿hablo con el manicomio?
- No, señor, ¡aquí no tenemos teléfono!

863.
Un tipo visita el manicomio y ve cómo unos locos rodean a otro que está parado con los brazos abiertos. Le pregunta al médico intrigado, y el médico le dice que ese loco se cree diario y que los otros lo están leyendo. Al día siguiente, el tipo ve que todos los locos persiguen al que se cree diario, quien arranca como desesperado, y pregunta qué ocurre. El médico le responde:
- Lo que pasa es que, como es el diario de ayer, lo quieren usar como papel higiénico.

864.
Dos locos pescando en el río:
- ¿Tú crees que los peces se ponen contentos cuando son pescados?
- Claro, no te das cuenta que cuando los sacamos mueven la colita.

865.
El director del manicomio interroga a un loco y le pregunta:
- Si yo le cortara la nariz, ¿qué pasaría?
- Muy simple, no vería más.
- Cómo así, pregunta el doctor.
- Claro, doctor, ¿dónde apoyaría los lentes?

866.
- Doctor, mi familia dice que estoy loco y todo porque prefiero las camisetas de algodón ante de las de hilo.
- Eso no tiene nada, yo también prefiero las de algodón.
- ¿Y cómo las prepara usted, doctor? ¿Con ajo o con mantequilla?

867.
Llegó al manicomio un tipo que se creía Napoleón y el director decidió ponerlo en la misma celda de otro tipo que también se creía Napoleón, a ver si al estar juntos se producía algún shock, que contribuyera a su restablecimiento. A los pocos días, el director decide hacerles una visita y encontró al loco muy feliz que le decía:
- Doctor, yo estaba en un error, me traicionaba mi fantasía. Ahora sé que yo no soy Napoleón. Napoleón es él, yo soy Josefina.

868.
Hay un loco mirando por el cañon de una escopeta y se acerca otro y le pregunta:
- ¿Qué estás haciendo?
- Estoy mirando las estrellas.
- ¿Me dejas ver?
- Está bien, le dice y le pasa la escopeta. Empieza a mirar y de repente se dispara la escopeta, el que estaba al lado se queda mirando al otro y le dice:
- ¿Qué me miras con esos ojos? ¡Si yo también me asusté!

869.
Va un loco paseando una piedra cogida de una cuerda. En esto que se le acerca el director del centro, que ya estaba harto de tanto loco, y le pregunta:
- Que, ¿paseando al perrito, no?
- Pero qué perrito, ¿no se da cuenta de que es una piedra?
- Muy bien, muy bien, para que vea que nosotros somos

sensibles a las mejoras de nuestros pacientes le voy a dejar en libertad. Total que sale el loco a la calle con su piedra y vuelve la cabeza y dice:
- Ves lo que te dije, Sultán, si no ladrabas lo engañaríamos.

870.
Se le escapa el loro al director del manicomio y se para en un árbol. En esto sale el director del centro y les dice a dos de los locos que lo bajen. Se suben a una escalera y de inmediato se bajan sin más interés. El director les pregunta:
- Pero, ¿por qué no lo han bajado?
- Es que todavía está verde.

871.
Un hombre llama por teléfono a un manicomio y pregunta:
- ¿Quién hay en la habitacion 24?
- Nadie.
- ¡¡¡Qué bien!!! ¡¡¡Entonces me he escapado!!!

872.
Un tío entra en la consulta del psiquiatra, se sienta, coge un cigarrillo, lo deshace y se mete el tabaco en la nariz. El médico le dice:
- Veo que usted necesita mi ayuda.
- Gracias, doctor. ¿Tiene fósforos?

MENDIGOS

El mundo está cambiando tan vertiginosamente, que el marketing ha llegado a todos los estratos. El otro día me detuvo un mendigo y me dijo:
- Señor, una limosnita por amor a Dios.
- Cómo no, aquí tienes cien pesos. El mendigo saca del bolsillo una libreta y me pregunta:
- ¿Cuál es su nombre, señor?
- ¿Y para qué quieres saber mi nombre? le pregunto.
- Es que a fin de mes, estoy sorteando entre los donantes, un auto cero kilómetro y tres televisores.

873.
A un mendigo que estaba pidiendo limosna con sus hijos se le rompe el pantalón en la parte delantera y como no tenía calzoncillos, se le salió todo y uno de los hijos le preguntó:
- ¿Qué tienes ahí, papá?
- Los testículos y el pene, hijo mío. Y una señora que va pasando, al oir la respuesta le dice:
- Me alegra que la pobreza no sea sinónimo de grosería, tome mil pesos.
- Gracias señora, pero es que si le llego a decir que son los huevos y la longaniza... ¡Se los come!

874.
Un mendigo solicita algo de comer en una casa, mientras el matrimonio almuerza. La mujer se levanta diciendo:
- No soporto ver tanta pobreza, viejo. Voy a darle comida a ese pordiosero. El marido, sin levantar la vista, replica:
- Sí, dale de esta misma... ¡para que no vuelva nunca más!

875.
El mendigo golpea la puerta y sale la señora:
- Patrona, ¿tiene algo de comer que me dé?
- ¿A usted le gusta el pescado frito de un día para otro?
- Sí, patrona, le dice entusiasmado.
- Entonces va a tener que venir mañana, porque lo acabo de freír.

876.
- Señora, le dice el mendigo, estoy muerto de hambre, hace dos días que no como, ¿podría darme cualquier cosa?
- Espere, pobre hombre, le traeré a mi marido.
- No, señora, muchas gracias, no soy caníbal.

877.
El mendigo toca a la puerta y sale el dueño de casa:
- Patroncito, sería tan amable de darme algunas sobras.
- Está más loco; aquí el único que se come las sobras soy yo.

878.
Había un ciego pidiendo limosna y gritaba:
- Déle cien pesos a este pobre ciego. En eso pasó un tipo que lo conocía y le dijo:
- Oye, a ti yo te conozco, tú no eres ciego, eres tuerto, y el ciego le contestó:
- Entonces dame cincuenta pesos y ándate a huevear a otro lado.

879.
Aquel cieguito se pasaba el día haciendo travesuras, sólo para que le dijeran: ¡vas a ver! ¡vas a ver!

880.

Un medigo pide limosna a la salida del banco. Se acerca el presidente del banco y el mendigo exclama:
- ¡Una limosnita por favor! Pero no pasa nada. Entonces el mendigo, que es pobre pero no tonto, se da cuenta de quién es y cambia el ruego y dice:
- ¡Una limosnita por el amor de Dios y de la virgen María! Entonces el banquero mete la mano al bolsillo y dice:
- Ahora sí, con dos avales es otra cosa.

881.

Ese mendigo era tan flojo y vago que una vez que estaba sentado debajo de un naranjo y dijo:
- ¡Dios, dame una naranja! En ese mismo momento una naranja cayó en su mano. Entonces exclamó:
- ¡Pelada, loco, pelada!

PAISES

ÁRABES

882.
Se encuentran dos paisanos y uno le dice al otro:
- Huafit, te voy a dar dos entradas para que vayas a ver a mi hija que hoy d{ia actúa por primera vez en el Teatro Municipal...
- Ah, qué bien ¿debuta?
- ¡NO, de bailarina!

883.
Dos paisanos conversan:
- ¿Y dónde está Huafit?
- Lo están velando.
- ¿Cómo? ¿Y cuándo murió que yo no supe?
- No imbécil, lo están velando en la veluquería del frente.

884.
En el desierto árabe, la tradición indica que la mujer debe caminar detrás del camello que lleva a su esposo. En cierta ocasión, un testigo observa que la mujer va caminando delante, por lo que le consulta:
- ¿La tradición no indica que ella debe ir atrás?
- Si, ¡pero no cuando es un «terreno minado»!

JUDÍOS

885.
El judío le dice a su esposa:
- Rebeca, tengo un negocio, si me resulta nos vamos tres meses a Israel, si no, nos vamos para toda la vida.

886.
Abraham le pregunta a su hijo:

- ¿Qué estás mirando por la ventana, hijo mío?
- Nada, papá.
- Entonces sácate los lentes que me costaron muy caros.

887.
- Abraham, estoy muy preocupado porque tengo un hijo invertido.
- ¿Y a qué interés?

888.
Un judío le dice a otro:
- ¿Supiste que murió Sarita?
- No tenía idea ¿y qué tenía?
- Poca cosa un reloj, una pulsera y una cadenita.

889.
- Oye, Abraham, ¡se está quemando el ala derecha del avión!
- ¿Y de qué te preocupas si el avión no es tuyo?

890.
El judío va a matricular a su hijo y le pregunta al profesor:
- ¿Aquí enseñan el sistema braile?
- No, le contesta el profesor, pero ¿para qué quiere que su hijo estudie el sistema braile?
- Para que cuando estudie de noche, no tenga necesidad de prender la luz.

891.
Abraham está en Tierra Santa y quería cruzar el río y le pregunta a un botero:
- ¿Cuánto cuesta cruzar al otro lado? El botero al ver que era turista le dice:
- 500 dólares
- ¿Y por qué tan caro?
- Porque recuerde usted que esta es Tierra Santa y aquí

fue donde Jesús anduvo sobre las aguas.
- Bueno, con estos precios cualquiera aprende a caminar sobre las aguas.

892.
El judío estaba a punto de morir y los hijos conversaban en la cabecera de la cama pensando que nadie los escuchaba. El primero decía:
- Habrá que hacerle un funeral decorado, ya que nos dejó tanto dinero...
- Estás loco, dice el segundo con un funeral modesto será suficiente... y el otro le contesta:
- Nuestro padre habría querido el más económico, estoy seguro. En ese momento se oye la voz del viejo que les dice:
- No se preocupen, hijos míos, si alguno me pasa los pantalones, me puedo ir caminando al cementerio.

893.
A un judío en el WC se le cae una moneda de diez pesos, la mira y dice:
- Cómo un judío se va a ensuciar por diez pesos ...., pero se queda pensativo y dice, pero diez pesos son diez pesos y así sigue con la indecisión hasta que se mete la mano al bolsillo y tira un billete de mil pesos y dice:
- Judío no se ensucia por diez pesos, pero por 1010 sí.

894.
La esposa judía a su marido:
- Salomón, Salomón, el niño se trago una moneda de cien pesos.
- No te preocupes Rebeca, cuando sea grande se la descontamos de su mesada.

895.
LLega Jacobito y le muestra a su papá la libreta de notas llena de sietes.

- ¿Ahora sí puedo ver la tele, papá?
- Sí, quiridi, pero no la enciendas...

896.
Un judío y un escocés cenan en un restaurante y piden lo más caro. Cuando traen la cuenta, se escucha que el escocés dice:
- Páseme la cuenta, yo la pago. Al otro día, un titular en el diario dice:
- Escocés mató de un balazo en un restaurante a un judío ventrílocuo.

897.
Dos judíos se encuentran en la calle y uno le dice al otro:
- ¿Cómo te va, Jacobo?
- Mal, me va; muy mal.
- ¿Y por qué?
- Mal, porque mi abuelo falleció hace tres semanas y me dejó de herencia tres millones, ocho días más tarde, mi pobre abuelita murió de pena y me dejó su casa y otros cinco millones. La semana pasada falleció mi tía, que me adoraba, y me dejó toda su fortuna. Y esta semana ya estamos a viernes y nada, mi viejo, nada.

898.
Dos familias judías quieren casar a sus hijas; pero como no hay chicos judíos en el pueblo, deciden unirse para buscarlos por los pueblos de los alrededores. Finalmente encuentran dos excelentes partidos, y les invitan a que vayan a conocer el pueblo. Pero resulta que uno de los tíos se arrepiente por el camino, y sólo uno de ellos llega a destino, y es una joyita, así que las dos familias lo quieren. Total, que las dos familias empiezan a discutir de quién es el novio, y como la cosa no se aclara, deciden hablar con el rabino más viejo de los alrededores.
- Lo que haremos es muy simple. Partiremos al chico por

la mitad, y le daremos un trozo a cada familia para que no haya discusiones. Entonces la madre de una de las novias dice :
- No, por favor, pobre muchacho, cómo le van a hacer eso. Pero la otra madre dice :
- ¡Eso! ¡Eso! ¡Que lo partan! ¡Que lo descuarticen! Entonces el rabino mira a la segunda madre y decide :
- El chico se casa con su hija; usted es la verdadera suegra.

899.
Un judío se marcha a los Estados Unidos a bhacer fortuna. A los diez años regresa convertido en millonario. Al bajar del avión busca a sus hermanos pero no los ve por ningún lado. De repente se acercan dos hombres de larguísima barba que le dicen:
- Pero, Jacob, ¿no nos reconoces?
- ¿Será posible? ¿Sois vosotros? ¡Pero si cuando me fui no tenían barba!
- No, pero como te llevaste la máquina de afeitar...

900.
Un millonario iba a ser operado y empezó a pedir sangre de un tipo muy escaso y el único que lo tenía era un judío, así que gracias a él se pudo operar y salvar la vida. Cuando estuvo recuperado lo mandó llamar y le regaló un fundo, un yate y otros costosos regalos. Pasó el tiempo y volvió a enfermar y tuvieron que volver a llamar al judío. Cuando se repuso, nuevamente lo llamó y le regaló una casa y un auto. Al poco tiempo volvió a ser intervenido y tuvo que recurrir al judío nuevamente pero esta vez le regalo unas botellas de vino y las gracias, entonces el judío le dijo:
- ¿Qué pasa que cada vez que te salvo la vida me das menos? y el tipo le respondió:
- Debes comprender, amigo, que cada vez corre más sangre judía por mis venas.

901.
Epitafio en la tumba de un judío:
- "Aquí descansan los restos del fabricante de ropa interior don Isaías Farkoifen. Pero la venta continúa en calle Morandé 560".

902.
¿Sabes por qué los judíos ven las películas pornográficas de atrás para adelante?
- No, ¿por qué?
- Porque así ven cuando la mina devuelve la plata.

ARGENTINOS

903.
El argentino llega a Chile y le preguntan en el aeropuerto:
- Nombre: - Juan Carlos
- Nacionalidad: - Argentino
- Sexo: - Enorme

904.
¿Cómo comienzan los argentinos sus cartas de amor?
- Ya sé que me extrañás...

905.
Un argentino se quiso matar y decidió dejarse caer desde su ego, sólo que no murió del porrazo, sino de inanición, pues nunca tocó el suelo.

906.
El argentino trataba de hacer el amor con su novia a orillas de un arroyo... ella suspiró y le dijo:
- Ten cuidado mi amor, recuerda que tengo el corazón débil.
- No tengas miedo mi vida, tendré mucho cuidado cuando pase por ahí.

907.
Llega Maradona gritando a su casa:
- ¡Mi amor, mi amor! Te tengo dos noticias, una buena y la otra mala. La buena es que dejé la droga.
- ¿Y cuál es la mala?
- La mala es que no se dónde, che.

908.
En un bar de Vitacura un grupo de sordomudos habla por señas y uno de ellos se lleva permanentemente un dedo a los ojos. Intrigado, dos mesas más allá, un amigo le pregunta a otro:
- ¿Y a ese sordomudo le picará el ojito? Y el otro le responde:
- No, lo que pasa es que es argentino.
- ¿Y tú cómo lo sabes?
- Fácil, los argentinos se pasan todo el día diciendo ¿viste?

909.
Un gringo se dirige a un argentino y le dice:
- ¿Do you speak English?
- ¿Cómo decís, che?
- ¿Do you speak English?
- ¿Qué decís?, no te entiendo, y un espectador que estaba escuchando le dice:
- Le pregunta si habla usted inglés.
- Ah, sí, lo hablo perfectamente.

910.
Un argentino entra a una sinagoga, busca al rabino y le cuenta:
- Ayer, cuando estacionaba el coche, apareció una rubia sensacional, idéntica a Claudia Schiffer, me miró, me hizo unas señas y me pidió que la siguiera. Subí a su departamento y allí se desnudó. ¡Tenía un cuerpo divino, unos pechos enormes, unos glúteos turgentes y una piel divina! Yo tuve una erección de esas que se dan sólo una o dos

veces en la vida. ¡Hicimos el amor una y otra vez. Después me...
- Disculpe, usted no es judío. ¿Podría decirme por qué me cuenta esto a mí?
- ¿A usted?, ¡no sólo a usted! ¡¡¡ESTOY CONTÁNDOSELO A TODO EL MUNDO !!!

911.
Hasta los abuelos argentinos son agrandados. Se casó uno de 87 años con una lola de 19 y su nieto, ya mayor, le decía preocupado:
- ¡Pero, abuelo, pensá un poco en la salud! ¡Una relación así puede ser fatal! Y el abuelo respondió:
- Mirá, si tiene que morir de placer, morirá. ¡Ya veré como la reemplazo!

912.
Un comentarista deportivo argentino dice:
- «Diego Armando Maradona es el MEJOR jugador de fútbol en el mundo y en la Argentina uno de los mejores».

913.
Que resulta de la mezcla entre un gallego y una empleada argentina?
- Un conserje que se cree dueño del edificio.

914.
Un argentino se encuentra con otro, que es su conocido, entonces le pregunta:
- Che, ¿tenés un encendedor?
- Esperáte que busco, responde el otro y empieza a buscar en los bolsillos del pantalón, en la camisa, en el saco y sigue tocándose mientras le contesta al otro:
- Mmm, che, parece que no tengo encendedor... pero, ¡¡que bueno estoy!!

915.
¿Qué es el ego?...
- Es el argentinito que todos llevamos dentro.

916.
¿Cuál es la mejor universidad del mundo?
- Aerolíneas Argentinas.
- ¿Por qué?
- Porque en Argentina son barrenderos, cajeros de banco o secretarias y cuando llegan al exterior son directores de cine, profesores de literatura, psicoanalistas....

917.
Un psicólogo venezolano llama a un colega a las 2 de la mañana:
- ¡¡Tienes que venirte para mi consultorio inmediatamente!!
- ¿A las 2 de la mañana?
- ¡Es que tengo un caso único aquí !
- Pero... ¿ de qué se trata ?
- ¡¡Tengo un caso de complejo de inferioridad!!
- ¿¡Estás loco?!... yo atiendo a MILES de pacientes así, ¡¡¡todos los días!!!
- Si, si, yo también... pero... este ¡¡¡ES ARGENTINO !!!

918.
Un argentinito le dice a su padre:
- ¡Papá, papá!... cuando crezca quiero ser como vos. El padre todo orgulloso le contesta:
- Y sí... no me sorprende... ¿pero por qué exactamente?
- Para tener un hijo como yo.

919.
¿Cuál es el juguete favorito de los argentinos?...
- El yo-yo.

920.
¿Por qué en Argentina hay tantos casos de sietemesinos?...
- Porque ni su madre los aguanta nueve meses.

921.
¿Por qué muchos argentinos prefieren no casarse?
- Porque dicen que jamás encontrarán una mujer que los ame tanto como se aman ellos.

922.
¿Qué es la infidelidad para un Argentino?
- Dejar de mirarse en el espejo

923.
En una maternidad de Barcelona hay un congoleño, un sueco y un argentino. Sale la enfermera y dice:
- Tenemos un problema. Se nos confundieron los bebés y ahora no sabemos cuál bebé es cuál. Tenemos 2 blancos y uno negro. Los tres nuevos papás deciden sacar a la suerte para ver quién escoge a su bebé primero, y gana el sueco. El sueco entra a la sala de maternidad, sale con el bebé negro y el congoleño le dice:
- Mire, bwana, el bebé es negro, yo soy negro, mi esposa es negra, así que este bebe es mío. Agarre uno de los blancos...
- ¿Está loco? ¿Y si me toca el argentino?

924.
Un argentino manejaba un taxi en el exterior. Se sube una chica muy bien dotada por la naturaleza y le pregunta:
- ¿Señor, llega al Metro? El argentino, agrandado le contesta:
- Al metro no creo que llegue , pero que vas a gozar, ¡eso te lo garantizo!

925.
¿Qué resulta de la cruza de una computadora con una prostituta argentina?
- Un hijo de puta que cree que lo sabe todo.

926.
Alguien le dice a un argentino, en una mañana de sol:
- Oiga, qué mañana tan bonita. A lo que el argentino responde:
- Gracias, che, se hace lo que se puede.

927.
¿Por qué en la Argentina nunca van a sufrir con los terremotos?
- Porque ni la Tierra se los traga.

928.
Un argentino se encontraba haciendo el amor con su novia cuando ella dice:
- ¡Ay, Dios mío! Él responde:
- Bueno... en la intimidad me podes llamar Oscar.

CHINOS

929.
¿Por qué los chinos tienen los ojos rasgados?
- Porque cuando nacemos los occidentales nos dan una nalgada, en cambio a los orientales le meten el dedito y ellos dicen, ¡¡ay!! y arrugan los ojitos.

930.
Llega un tipo a un restaurant chino y le pregunta al garzón: ¿Qué tiene de comer?
- Cocina alemana.
- ¿Cómo van a tener cocina alemana en un restaurant chino?
- No, cocina la helmana del dueño y no sé qué cocinó hoy.

PAÍSES

931.
El chinito en la noche de bodas, después que pasó todo, se levantó y golpeó en la puerta del lado de su pieza del hotel:
- Buenas noches, señol, ¿ usted es casado ?
- No.
- Ah, usted, Peldone, y se fue a la otra habitación, y la misma cosa.
- Buenas noches, señol, ¿ es usted. casado ?
- No, señor.
- Ah, usted peldone; y así sucesivamente, hasta que en la última pieza salio un señor y el chinito le dijo:
- Buenas noches, señol ¿ es usted casado ?
- Sí.
- Qué lico ¿no?

932.
Un chino es interrogado en la oficina de inmigración:
- ¿Cuál es su nombre?
- Estolnudo.
- ¿Estornudo? Preguntó asombrado el oficial.¿No me estará tomando el pelo?
- No señol.
- No he sabido de nadie que se llame asi. ¿ Cuál es su nombre en chino ?
- Ah, Chu.

ITALIANOS

933.
En Italia estaban demoliendo un edificio y un turista pregunta por qué.
- Es que en Italia, contesta un tipo, no puede haber un prostíbulo a menos de cien metros de una iglesia.
- Ah, entonces están demoliendo el prostíbulo.
- No, la iglesia.

IRANÍES:

934.
- Fíjate que en Irán, van a ahorcar a un tipo que se robó una docena de huevos.
- ¿Y lo van a ahorcar por los huevos?
- No... por el cuello, como a todos.

CUBANOS

935.
Llega Tarzán a Cuba y le dice a Fidel:
- Yo, Tarzán
- Yo, Castro
- Yo, arranco.

936.
El niñito cubano le dice a su padre:
- Papá, no quiero conocer los Estados Unidos... y el papá le dice:
- Cállate, Juanito, y sigue nadando.

937.
Un día un loro escapa de su casa, en La Habana. Desesperado, el dueño llama al Partido Comunista Cubano.
- Aló, ¿por casualidad, no encontraron ustedes un loro?
- No, camarada.
- Bueno, si lo encuentran y lo interrogan, quiero que sepan que yo no comparto sus opiniones.

938.
Pepe decidió ir a vivir en Cuba para conocer la verdad en vivo y en directo. Su amigo Roberto trata de disuadirlo:
- Estás loco, Pepe, si allá no hay libertades y una censura terrible. ¿A qué vas a ir?
- Voy a ir para conocer la realidad de la Revolución y te

voy a escribir. Si llega a haber censura y hay cosas que no te puedo decir, te vas a dar cuenta porque en ese caso te escribiré en color verde. Se fue Pepe a Cuba y como a los dos años llegó una carta que decía:
- Querido amigo, esto es un paraíso. La gente vive feliz y nada le falta. La comida, la salud y la educación son gratis y excelentes. Y hay una enorme libertad. Lo único un poquito molesto es que tinta verde no se consigue por ninguna parte.

939.
Lugarteniente a Fidel Castro:
- Oye, Fidel, como las cosas han cambiado tanto, ¿por qué no abres las fronteras?
- Estás loco, chico, ¿y qué hago yo solo en Cuba?

MEXICANOS

940.
Un tipo fue a México a pasear y cuando volvió, le preguntaron si habia conocido a Pancho Villa y el dijo:
- Lo vi una sola vez y nos hicimos amigos.
- ¿Y cómo fue eso?
- Miren, estaba yo en una hacienda recorriendo el campo cuando de repente, apareció un jinete en un caballo blanco, con un sombrero grandote y un bigote enorme y yo le pregunté:
- ¿ Quién es usted ?, y él me dijo:
- Soy Pancho Villa ¿Y Ud. mano?
- Yo soy chileno...
- Ah, conque extranjero, me dijo, te vas a tener que comer lo que está haciendo mi caballo y como me apuntaba con su rifle, tuve que comer; al rato se descuidó y le quite el rifle y le dije:
- Ahora, te vas a tener que comer lo que queda.
- ¿Y como dijiste que fueron amigos?
- Bueno, ¿y no te acabo de contar que almorzamos juntos?

941.
En Méjico, el niño le pregunta a su padre:
- Papá, ¿en cuántas partes se divide el cuerpo humano?
Bueno, por lo que yo sé el hombre se divide en cuatro partes:
- Cabeza, tronco, tronquito y extremidades.
- ¿Y la mujer?
- Bueno, la mujer se divide en cuatro también: cabeza, tronco, pa'l tronquito y extremidades.

AFRICANOS

942.
Dos amigos en el África, iban explorando la selva virgen, uno de ellos se apartó del grupo así que el otro decidió enseñarle al guía a hablar castellano.
- Eso ser catarata le dijo, y el guía le repitió:
- Eso ser cataratas.
- Eso ser lago, y el guía repetía:
- Eso ser lago. De pronto sintieron un ruido entre las ramas y al mirar, estaba el amigo haciendo el amor con una africana. El explorador no hallaba cómo explicarle lo que estaban haciendo así que le dijo:
- Ese ser explorador andando en bicicleta. El guía sacó la escopeta le pegó un balazo y le dijo:
- Ese era explorador andando en «Mi» bicicleta.

943.
El embajador de una pequeña nación africana tuvo la oportunidad de visitar Rusia y estuvo muy entretenido por su homólogo, el embajador ruso. Por 3 días, el embajador africano tuvo vino, grandes cenas y generalmente tratado con la mejor hospitalidad que Rusia podía ofrecer. En su último día de visita, el embajador de Rusia le dijo:
- Parece que su estadía está llegando a su final, es tiempo de que usted juegue nuestro tradicional juego de la ruleta

rusa. Uno de los 6 compartimentos de la pistola está cargado, usted gira el cilindro, apunta el arma a su cabeza y aprieta el gatillo. Esto paralizó al africano por un momento, pero como era un guerrero, no podía mostrar miedo. Ambos hombres tomaron sus armas, giraron los cargadores, y apretaron los gatillos. ¡Click! Click! Ambos compartimientos estaban vacíos, y ambos embajadores respiraron con alivio. El embajador africano estaba tan impresionado con un juego de tanto valor que pensó muy detenidamente y por largo tiempo sobre el tema antes de que el embajador ruso los visitara el próximo año. Cuando llegó la hora de la visita, el embajador africano trató al embajador ruso con toda su hospitalidad, hasta que llegó el día final de su estadía. Guiándole hasta un cuarto secreto en el palacio, el embajador africano le dijo:
- Ahora es tiempo de que usted juegue nuestro juego, la ruleta africana. Mientras se lo decía, guiaba al embajador ruso dentro de un aposento, donde las únicas ocupantes eran seis bellas mujeres desnudas. El embajador africano dijo:
- Ellas son las mujeres más bellas de una de nuestras tribus.
- Cualquiera de ellas le hará sexo oral, elija... el embajador ruso no estaba en contra de la idea pero no podía ver la relación con la ruleta rusa, por lo que preguntó:
- Bueno, qué bien, pero ¿dónde está la parte de la ruleta? ¿dónde está el peligro? Con una gran sonrisa en su cara, el embajador africano contestó:
- Es que una de ellas es caníbal.

NORTEAMERICANOS

944.
En los EE.UU. inventaron una máquina para fabricar blancos. Esto consistía en que un negro echaba una moneda, entraba por una puerta y salía al otro lado completamente blanco. Un matrimonio de negros iba con su hijo pasando por donde estaba la máquina y el padre decidió

hacer la prueba; echó una moneda y apareció blanco, tal como decía la propaganda. A la madre también le gustó la idea, así que hizo lo mismo. Luego llamaron al hijo y le dijeron que se metiera a la máquina, pero el niño no quería y lloraba:
- Yo no quiero ser blanco, estoy bien así.
- Pero hijo házlo, para que seas blanco como nosotros.
- No quiero. Y el papá le dice:
- Por la cresta, hace 5 minutos que soy blanco y ya tengo problemas con estos negros c...

945.
En los Estados Unidos a un chilenito le pidieron que dijera cuatro palabras en inglés.
- Metro... Goldwyn... Mayer.
- Bien, bien, pero falta una.
- íGrrrrrr...!

BRASILEROS

946.
El tipo está de turista en Brasil y decide ir a un bar a buscar una mujer para pasar la última noche. De pronto aparece una negra sensacional y le pregunta cuánto le cobraría por pasar la noche juntos y ella le dice 50 dólares. El tipo se busca en todos los bolsillos y sólo logra juntar 35. La negra le dice que ella no lo puede hacer por ese precio, pero que le presentaría una amiga rubia que cobraba eso. El tipo pasó la noche con la rubia y se fue.

Diez años después volvió al mismo lugar y el barman le contó que de aquella relación había nacido un hijo, así que fue a conocerlo. El niño cuando supo quién era el turista se fue corriendo y le dijo:
- Papá, no sabes cuánto deseaba conocerte...dime, ¿cuál es mi apellido...?
- Tu apellido es Froimovic.
- Lo único que me faltaba, judío, dice el niño y el tipo le dice:
- Quédate calladito no más, niñito, que por quince dólares más habrías sido negro.

ESPAÑOLES

947.
El español le dice a su esposa:
- Mi amor, te he traído una aspirina a la cama.
- ¿Y para qué? Si a mí no me duele la cabeza.
- Entonces, ¡¡a joder!!

VARIOS PAÍSES:

948.
En 10 islas desiertas, naufragaron las siguientes personas:
- isla   1: 2 italianos y una italiana.
- isla   2: 2 franceses y una francesa.
- isla   3: 2 alemanes y una alemana.
- isla   4: 2 griegos y una griega.
- isla   5: 2 ingleses y una inglesa.
- isla   6: 2 búlgaros y una búlgara.
- isla   7: 2 gringos y una gringa
- isla   8: 2 japoneses y una japonesa.
- isla   9: 2 irlandeses y una irlandesa.
- isla 10: 2 chilenos y una chilena.

Un mes después en cada una de las islas, sucedió lo siguiente:
- Isla 1: un italiano mató al otro para quedarse con la italiana.
- Isla 2: los 2 franceses viven felices con la francesa en un

«menage a trois».
- Isla 3: los alemanes hicieron una programación semanal para tener sexo con la alemana.
- Isla 4: los 2 griegos duermen juntos mientras la griega está haciendo la limpieza y cocina para ellos.
- Isla 5: los 2 ingleses están esperando a que llegue alguien para que les presente a la inglesa.
- Isla 6: los 2 búlgaros miraron al mar, después miraron a la búlgara. Regresaron la vista al mar y se fueron nadando.
- Isla 7: los 2 gringos están considerando la posibilidad de suicidarse mientras la gringa, sigue hablando de ella misma.
- Isla 8: los 2 japoneses inventaron un fax con las hojas de las palmeras y cocos, enviaron un fax a Tokio, y se encuentran en espera de instrucciones.
- Isla 9: los 2 irlandeses dividieron la isla en norte y sur donde cada uno abrió una destilería y después de unos litros de whisky de coco ya no recuerdan si han tenido sexo o no con la irlandesa, sin embargo lo importante para ellos, es que los ingleses no están ahí.
- Isla 10: los dos chilenos pasan tirándose las pelotas todo el día, se hicieron compadres y cada uno piensa que la chilena sólo tiene sexo con él.

TRES PAÍSES

949.
Tres marinos, uno español, otro argentino y un chilenito, están contando sus correrías. El español dice:
- Cuando fui a Francia había una ninfomaniaca famosa que se asomaba por la ventana y gritaba: quiero un hombre, quiero un hombre, así que yo entré y estuve con ella como tres horas, después ella tomo una tiza, hizo 4 marcas en la muralla y volvió a gritar: quiero un hombre...
- Yo también estuve con ella, dijo el argentino, claro que conmigo hizo como 10 marcas en la muralla. ¿Y tú chilenito, la conociste?

- Sí, dice el chilenito, pero no me acuerdo cuántas marcas hizo en la muralla. De lo único que me acuerdo es que después sacó la cabeza por la ventana y se puso a gritar: tiza, tiza, quiero más tiza.

INDÍGENAS

950.
Una expedición se metió en pleno Matto Grosso en busca de un indio llamado Diucalonga, famoso en la selva por la generosidad con que lo dotó la naturaleza. Pero la selva es feroz y al poco tiempo sólo quedaba un integrante de la expedición, quien estaba dispuesto a rendir la vida si fuese necesario con tal de ver a Diucalonga y comprobar en terreno las maravillas que del indio hablaban algunas indias que habían sobrevivido... Finalmente, desfalleciente, llega a un arroyo donde se baña un indio, quien posee un miembro de un metro, más o menos. ¡Algo nunca visto! Es tanta la impresión que sufre que le da un ataque de risa. Entonces, el indio enojado le dice:
- ¿De qué se ríe? ¿A caso a usted no se le achica cuándo se baña?

951.
Al borde de un precipicio, un indio le da un empujón a otro.
- ¿Te he asustado, ojo de águila?
- Sí, hijo de puta.

CANÍBALES

952.
Un tipo se entera de que un amigo suyo está en el hospital, y va a visitarlo.
- ¿Qué te ha pasado?, le dice al verle en tan mal estado.
- Mira, es que íbamos sobrevolando la selva cuando de repente empezó a fallar un motor, y el piloto nos avisó

que teníamos que descender inmediatamente, entonces intentando descender nos dimos cuenta que estábamos pasando justo por una zona de caníbales. Volábamos tan bajo que podíamos ver los carteles de las aldeas; Guruguru, caníbales; los lugombi, caníbales; ori-ori, caníbales; cuando de repente, vemos vegitongi, caníbales vegetarianos, y decidimos aterrizar allí,
- ¿Y qué pasó?
- Que nos comieron el nabo, los huevos, las yemas de los dedos, las plantas de los pies...

953.

Una tribu de caníbales está cocinando a un misionero y el cocinero cada un minuto abre la tapa de la olla y lo pincha con un enorme tenedor. El jefe de la tribu, que lo está observando, le dice:
- Déjate de pincharlo. ¿Te parece poco estarlo cociendo, que más encima lo torturas con ese tenedor?
- No, jefe, lo que pasa es que se está comiendo todo el arroz.

954.

Dos caníbales conversando en una esquina uno le dice al otro:
- ¿Ves esa mina que va pasando y que le falta un brazo?
- Sí, le contesta el otro
- Bueno, a esa me la estoy comiendo yo.

RACISTAS

Un tipo decía: Yo no soy racista.... me da lo mismo entre un blanco y un negro desgraciado.

955.

Un negro se escapa de una cárcel sudafricana. La policía distribuye fotos del fugado en cuatro distintas poses, solicitando que apenas se registre el arresto avisen a la cen-

tral de la policía. Al día siguiente llega un telegrama firmado por el jefe de la policía de un pequeño pueblito:
- Los cuatro negros fueron baleados al resistir el arresto.

956.
Un hombre blanco entra a un bar en Sudáfrica acompañado de un león. Pregunta al barman:
- Dígame, señor, ¿hay negros aquí?
- Sí, señor, no somos racistas.
- Entonces, una cerveza para mí y un negro para mi león.
957.
Un negro se muere y va al cielo, pero San Pedro se muestra remiso a dejarlo entrar y le pregunta:
- ¿Qué pasa, San Pedro, no me diga que los negritos no pueden entrar al cielo?
- Entrar pueden, pero sólo negros VIP, o sea, los negros que hayan hecho algo importante.
- Entonces, yo puedo, San Pedro. ¡Soy el primer negro que se casó con una blanca en Sudáfrica!
- ¿Sí?, ¿y cuándo fue eso?
- Hace cinco minutos...

958.
Un blanco y un negro dan examen para ingresar a una empresa en Sudáfrica. El examinador le pregunta al blanco:
- ¿Cuánto es tres más tres?
- Seis, responde el blanco.
- Bien, mañana comienza a trabajar aquí. Y luego le pregunta al negro:
- ¿Cuántos habitantes tiene la China?
- Mil ciento un millones cuatrocientos dieciseis mil doscientos tres.
- No te hagai el vivo, negro, larga todos los nombres, larga los nombres...

RELIGIOSOS

Yo soy tan religioso, que mi última oración fue para pedir que ojalá este libro no lo lea ningún curita....

959.
Se murieron dos tipos y se fueron al cielo, lo primero que se preguntaron cuándo se encontraron fue:
- ¿De qué te moristes tú?
- Yo, morí congelado.
- Putas la muerte pa rara, le contestó el primero.
- Y por qué la encuentras tan rara ¿de qué te moristes tú?
- No, le contesta el segundo, yo morí de un ataque de alegría.
- Eso sí que es raro.
- Aunque te parezca más raro, resulta que yo sufría con la idea que mi mujer me engañaba, así que un día pedí permiso en la pega y me fui a la casa para tratar de sorprenderla ... abrí la puerta de la casa y nada, la puerta de la pieza y nada, la puerta del clóset y nada y me bajó un ataque de alegría y me morí. El otro le contesta:
- Putas la mala cueva a la hora que abres el refrigerador nos salvamos los dos.

960.
Después del sermón:
- Oiga, padre, ¿no sería mejor que nos amáramos los unos a «las otras»?
- ¿Por qué hijo?
- Porque encuentro que amarse los unos a los otros es una tremenda mariconada.

961.
Padre, me acuso que ayer fui con mi novio al bosque y me tomó la mano, luego me abrazó, después me empezó

a besar por todas partes y a desnudarme lentamente.....
- Alto, no sigas, solo contéstame: ¿te introdujo el órgano?
- Mire, padre, yo de música no sé mucho, pero a mí me pareció que era una flauta.

962.
Padre, pregunta una niña inocente, ¿por qué se le llama regla a la menstruación?
- Lo que pasa, hija, le responde el cura, que generalmente se pierde la rectitud cuando se pierde la regla.

963.
La niña era muy devota y pasaba metida en la iglesia. Un día se fue a confesar y le dijo al cura:
- Acúsome, padre, que me he enamorado de usted.
- A ver, hija, explícame eso, le dice el cura.
- Mire padre, todas las noches sueño que usted me abraza, me besa y hasta me hace el amor. ¿Cree usted que me salvaré, padre?
- El cura mira el reloj y le dice: Mira, hija, por ahora te vas a salvar porque tengo un bautizo, pero mañana no te salva nadie.

964.
Un hombre va a confesarse:
- Acúsome de acostarme con mi secretaria, con mi prima, mi cuñada, la señora del carnicero, la del carpintero.
- Por fin te encuentro hijo de puta, maricón desgraciado.
- Pero, señor cura, qué le pasa, por qué me trata así.
- Porque yo no soy el cura, soy el carpintero y estoy arreglando el confesionario.

965.
Un tipo entró a la iglesia y se puso a rezar ante San Antonio, de la siguiente manera:
- Por favor, San Antonio, lo único que te pido es un ca-

mión lleno de mierda, concédeme mi deseo y el cura que estaba escuchando lo llamó y le dijo:
- Ven acá hijo, que te quiero preguntar algo, porque yo llevo veinte años escuchando ruegos y es la primera vez que escucho a alguien pedir un camión de mierda, explícame eso.
- Esta bien, padre, lo que pasa es que si San Antonio me concede el camión lleno de mierda, yo le voto la mierda y me quedo con el camión.

966.
En el confesionario:
- Señor cura, pregunta una anciana, ¿es pecado el sexo a los 90 años?
- No hija mía, el sexo a los 90 años es un milagro.

967.
Un evangélico y un curita están almorzando juntos. El cura saca una botella del mejor vino y le ofrece al evangélico, a lo que éste le dice:
- No, señor, nosotros no bebemos.
- No sabe lo que se pierde, le dice el cura. Al despedirse, le dice el evangélico:
- Me encantaría volver a almorzar con usted otra vez, pero ojalá que en esa oportunidad nos acompañen nuestras esposas.
- Lo lamento, dice el cura, pero nosotros no nos casamos.
- No sabe usted lo que se pierde, contestó el evangélico.

968.
El cura está dando un sermón sobre la violencia y en eso se le para una mosca sobre la frente y dice:
- Aquí yo les voy a dar el ejemplo con esta mosca. A mí también me molesta y podría maldecir o blasfemar, pero no, porque uno puede tolerar miren, ahora esta bajando hacia la nariz y en realidad molesta bastante, pero uno

debe contenerse y la mosca seguía caminando por entre las cejas. De repente el cura le pega un tremendo manotazo y grita:
- ¡Chuchas!, es una abeja.

969.
Un tipo llega a la iglesia y le dice al cura:
- Padre, quiero que le oficie una misa a mi perro que acaba de fallecer.
- Cómo se le ocurre semejante falta de respeto, salga inmediatamente de aquí.
- Espere, padre, no se altere, yo le voy a explicar: Resulta que este era un perro muy especial ya que cada vez que veía una grutita, él se arrodillaba y agachaba la cabeza, además, entre todos los familiares hicimos una colecta cuando murió para pagarle la misa y juntamos un millón de pesos.
- Ah, pero era católico, porque no me lo dijiste antes, hijo.

970.
Un hombre está alojado en un Hotel de EE.UU., tomó la Biblia que estaba en el velador y en la tapa decía:
- Si usted está enfermo, lea el Salmo 18.
- Si tiene problemas con su familia, lea el Salmo 45.
- Si se siente solo, lea el Salmo 22. Como el tipo se sentía solo, buscó el Salmo 22 y lo leyó. Pero al final había una inscripción con lápiz que decía:
- Si después de leer el Salmo 22 aún se siente solo, llame al numero 555 3242 y pregunte por Susy.

971.
A la madre superiora le dieron el aviso que al convento se había metido un hombre vestido de monja, así que llamó a todas las monjas y les dijo:
- A medida que vayan pasando, se van a levantar el hábito y van a decir su nombre. La primera dijo:
- Sor Isabel y se levantó la falda, la segunda dijo:

- Sor Inés y se levantó el hábito...y así, hasta que llegaron a la sospechosa, ésta se levantó el hábito y gritó:
- Sor presa, madre, sorpresa.

972.

Tanto insistió el judío en los problemas tecnológicos que le atormentaban, que el Vaticano accedió a su petición de audiencia con el Papa.
- Verá, Santo Padre, he leído detenidamente las Sagradas Escrituras. Entiendo lo de la concepción de la Virgen María, el milagro de los panes y los peces, la resurrección de Jesucristo, incluso la Santísima Trinidad. Pero tengo una gran duda.
- Dime, hijo mío.
- ¿Qué fue de la carpintería de San José?, ¿La vendieron? ¿La traspasaron?

973.

Le decían El Salvaje y era un tipo que vivía en un pueblito del sur, a cuyo cura le tenía un odio parido. Pero el pueblo quería al sacerdote, que era muy pobre. Como el cura no tenía capa, las nueve familias del pueblito decidieron hacer una colecta entre todos para comprarle una cuyo valor era de cien mil pesos. Juntaron sólo noventa y ya no tenían más. Así que decidieron arriesgase con El Salvaje para que aportara los diez mil pesos que faltaban. Y cuando estuvieron cerca de su casa gritaron:
- ¡Oye, salvaje!, ¿tú pondrías diez mil pesos que nos faltan para la capa del cura? Y El Salvaje, sorprendiéndolos a todos, gritó desde el interior de su casa:
- ¡Sí, pero siempre y cuando me dejen caparlo a mí!

974.

En un monasterio un monje se dirige a los demás:
- Por orden del hermano superior, ya no podremos dormir con sotana... ni con sotana, ni con mengana, ni con fulana , í se acabaron las orgías !

975.

En el correo reciben una sentida carta dirigida a Dios por un tal Juan Castillo en la que le pide 40 mil pesos para pagar una deuda. Los empleados del correo se compadecen y hacen una colecta. Logran reunir 30 mil pesos y se los envían al remitente. Una semana después reciben otra carta de Juan Castillo dirigida también a Dios:
- Querido Dios, esta vez te pido sólo 20 mil pesos, pero tráemelos tú porque la vez anterior, los ladrones del correo me robaron 10 mil pesos.

976.

Un hombre va a confesarse porque tenía muy mal genio.
- Padre, me confieso de que tengo muy malas pulgas.
- Eso está muy mal, hijo mío.
- Mire, padre..., no me huevee porque le pego una patada al kiosco este que se lo dejo hecho mierda , ¡¿eh?!

977.

Un hombre comete un pecado bastante grande , y como penitencia decide meterse en la orden de los monjes de claustro. Al entrar habla con el padre superior, que le explica como es la vida en el convento.
- Mira, te tendrás que levantar a las cinco de la madrugada.
- Trabajamos en el campo unas doce horas diarias, y vamos a misa cuatro veces al día. Tendrás que hacer penitencia todas las mañanas, y pasar varias horas rezando y meditando. Sólo hacemos dos comidas al día, y los domingos y festivos son un poco más duros. No volverás a salir del convento durante tu vida, ni tendrás nunca más noticias de tus amigos ni familiares y tienes que hacer los votos de pobreza, castidad y obediencia. Además, sólo puedes decir dos palabras cada diez años. Total, que el tipo se queda en el convento. Al cabo de los diez primeros años, va al despacho del padre superior y le dice :
- Habitación fría.

- Sí, claro, es que como el convento no tiene dinero para reparar el techo..., pero haz un esfuerzo y piensa en el amor divino que... Pasan otros diez años, y este hombre vuelve a ver al padre superior.
- Comida mala.
- Ya, pero es que debes comprender que no estamos aquí para dedicarnos a los placeres carnales, sino que...Tras otros diez años, vuelve a verle.
- Cama dura.
- Ah, no, mira, eso sí que no, una cosa es no tener mucha vocación y no poder soportar una vida austera, pero esto me empieza a parecer lujuria, para evitar los malos pensamientos te doblaremos tu trabajo y... .Total, que al cabo de otros diez años, este hombre ya es un viejo amargado, así que va al despacho del padre superior y le dice :
- Me voy.
- Bueno hijo, creo que es lo mejor, ya que cada vez que abres la boca es para quejarte.

978.
Un hombre tiene una entrevista con el Papa, pero cuando va a verle le recibe un cardenal muy serio que le dice que el Papa ha muerto, y que están arreglando algunos papeles antes de hacer pública la noticia, y que por favor no lo divulgue. Bueno, el caso es que a este tipo, mientras sale del Vaticano, se le ocurre una idea, se va a una casa de apuestas y se juega los ahorros de toda su vida a que el Papa va a morir durante esa semana, 5000 a 1, pensando que esto no contradice lo que le ha prometido al cardenal. Luego, al salir de las oficinas, ve a un hombre sentado en las escaleras llorando y le pregunta qué pasa.
- Es que he perdido todo mi dinero apostando, no me quedan más que mil pesos y no tengo ningún sitio para comer o dormir.
- Mire, ¿por qué no los apuesta a que el Papa va a morir durante esta semana? Le aseguro que es una buena idea.

- Bueno... se lo agradezco, ahora mismo lo hago... Como sabe... Al cabo de un par de días se hace público que el Papa ha muerto, y este hombre va a la casa de apuestas a cobrar sus ganancias. Pero mientras sale con sus millones, ve al mismo hombre llorando en las escaleras.
- Oiga, ¿qué le pasa? No apostó su dinero a que el Papa iba a morir ?
- Si, y gané un montón de dinero, pero es que me cegó la codicia y lo aposté todo de nuevo a que ahora se moría el obispo...

979.
Un par de monjas llaman a la puerta de una casa y les abre una niña :
- ¿Nos podría dar algo para el asilo?
- Sí , como no... ¡Abueeeelo, ven !

980.
La madre superiora está interrogando a una novicia.
- Y si un hombre pretendiese abusar de ti, ¿que harías?
- Me subiría el hábito.
- ¿¿Qué?? ¿Y qué más?
- Le diría que se bajase los pantalones.
- ¿Para qué?
- Porque yo puedo correr más rápido con las faldas subidas que él con los pantalones a media pierna ...

981.
Un gallego va a una tienda a comprar un crucifijo. El dependiente empieza a mostrarle los modelos, y al cabo de un rato el gallego le dice:
- Oiga, ¿y no tiene ninguno que no sea de la marca INRI?

982.
Un anciano judío está caminando por la playa con su único nieto, que juega con un balde, cuando de repente

viene una ola enorme y se lleva al niño. El hombre levanta su mirada al cielo e implora :
- Oh, Dios mío, ¿qué te he hecho yo para que me arrebates a mi único nieto? Mi hijo me echará las culpas a mi, y su esposa morirá de la pena. ¿Cómo puedes ser tan cruel? Entonces viene otra ola, tan grande como la primera, y deja al niño sano y salvo en la playa. El viejo mira un momento al niño, y luego vuelve a levantar la mirada al cielo y dice, abriendo las manos :
- Pero Dios, ¿y el balde?

983.
En el confesionario :
- Padre, me acuso de haberme acostado con el cura de la iglesia que hay enfrente.
- Está bien, hija, reza un par de padrenuestros... pero la próxima vez, recuerda que esta es tu parroquia.

984.
Un joven va a confesarse y le dice al cura:
- Padre, me acuso de haberle tocado las tetas a mi novia.
- ..Mmmmm... y dime, hijo, ¿se las tocaste por encima o por debajo de la ropa?
- ¡NOOO Padre... por encima...!
- Aturdido... si la penitencia es la misma.

985.
Una señora muy atractiva va a confesarse. El cura se le queda mirando a las tetas y para refrenar su deseo de chupárselas le dice:
- Por favor hija, váyase. Al día siguiente regresa la señora a confesarse y vuelta a pasar lo mismo. Así todos los días sigue con la misma actitud y defendiendo sus derechos de parroquiana la mujer le pregunta al cura:
- Pero, padre, ¿es que no tengo el Derecho Divino?
- Si hija mía, y el izquierdo también.

986.

Un evangélico y un rabino están sentados juntos en un avión, en primera clase. Se les acerca la azafata y les pregunta qué quieren beber. El rabino contesta:
- Yo me tomaré un martini, gracias.
- ¿Y usted?
- El ministro contesta indignado:
- Pero como se atreve . ¡¡Antes que mancillar mi cuerpo tomando alcohol cometería adulterio!! El rabino se apresura a decir:
- ¡Eh ! ¡Deje lo del martini! ¡No sabía que se podía elegir !

987.

El marido llega a casa sin avisar, y la esposa tiene que esconder a su amante, así que lo mete en el armario. Una vez allí, el tipo se queda calladito cuando oye una voz a su lado que le dice:
- Está oscuro esto, ¿eh? Y entonces se da cuenta de que es el hijo, que estaba escondido en el armario mirando mientras echaba el polvo con la madre.
- Cállate, Jaimito...
- Creo que voy a estornudar.
- No, por favor...
- ¿Me darís un poco de dinero?
- Sí, toma mil pesos, pero cállate .
- Oye, de verdad que tengo unas ganas enormes de estornudar.
- ¡Huy qué niño!, anda toma la billetera...
- Gracias , ya se me han pasado las ganas. Total, que Jaimito se compra una bicicleta esa misma tarde. La madre le pregunta de dónde sacó la bicicleta , pero como el niño no le quiere contar, lo manda a que vaya a confesarse. Obviamente, Jaimito no está demasiado acostumbrado a los confesionarios, así que cuando le llega su turno, lo primero que hace es decir:
- Esta oscuro esto, ¿eh?
- Y el cura le dice: Jaimito, no empieces otra vez.

988.
Un hombre tiene que ir en avión y está terminantemente prohibido llevar animales, pero no puede dejar solo al canario, así que se lo mete en el bolsillo del pantalón; el tipo se queda dormido, y como el bolsillo tiene un agujero, al cabo de un rato el canario asoma por el cierre; unas monjas que estaban en el asiento del lado lo despiertan y le dicen:
- Señor, señor, nosotras no entendemos mucho de esto, pero creemos que se le ha roto un huevo.

989.
Un cristiano, un musulmán y un judío están hablando del poder de sus religiones.
Cristiano:
- Sé que mi religión es verdadera, porque estábamos pasando una sequía terrible en mi país, mi familia y yo estábamos a punto de morir de hambre, me puse a orar fervientemente y entonces ocurrió el milagro: mientras sobre todo el campo lucía un sol achicharrante, sobre mi campo caía una lluvia torrencial: todo alrededor era sol y en mi campo era lluvia; gracias a eso nos salvamos yo y mi familia.
Musulmán:
- Sé que mi religión es verdadera, porque estaba en el desierto y me sorprendió una tormenta de arena, y mi camello y yo estábamos a punto de ser cubiertos entre las dunas, cuando ya casi no podíamos respirar, me puse a orar y entonces ocurrió el milagro: todo el desierto era una pura tormenta de arena y alrededor de mi camello y de mí había una calma total, gracias a ello pudimos llegar a un oasis y salvarnos.
Judío:
- Sé que mi religión es verdadera, porque estaba dando un paseo alrededor de mi casa el sábado (recuerde que los judíos no pueden trabajar en sábado) y me encontré una cartera en el suelo, rebosante de billetes, pero como era sábado no podía agacharme a recogerla, pero entonces ocurrió el milagro: Todo a mi alrededor era sábado pero alrededor de la cartera era domingo.

990.
Un turista puertorriqueño llega al aeropuerto de Roma e inmediatamente aparece un italiano muy avispado y le dice:
- Le tengo una romana increíble por cienmile lire...
- Hombre, no me moleste que yo vengo a ve el Papa. Un poco más tarde cuando el puertorriqueño se encuentra visitando el circo romano, y aparece el italiano nuevamente:
- Hey...una napolitana, preciosa noventamile lire...
- Hombre, te dije que no, que yo vengo a ve el Papa. Más tarde, cuando el famoso turista se dirige hacia el Vaticano, se acerca el italiano y le dice:
- ¡El Papa, e impoccibile, ma le tengo unos cardenale ...!

991.
Un obispo llamándole la atención a un cura de pueblo:
- Que te pongas jeans en vez de sotana, pasa.
- Que te pongas camisas hawaianas, puede pasar.
- Que te hagas una colita en el pelo, pasa.
- Pero que en Semana Santa pongas un cartel de «Cerrado por defunción del hijo del Jefe», ¡eso sí que no!

992.
Un alcohólico, un fornicador y un fumador se mueren. Van a ser juzgados, y San Pedro les dice:
- Bueno, como dentro de lo que cabe no han pecado demasiado, les voy a dar una segunda oportunidad y los mandaré al Purgatorio durante un año. Total, que encierran al alcohólico dentro de una bodega con todos los licores del mundo, encierran al fornicador en un harem lleno de mujeres de todos los países, y encierran al fumador dentro de un salón donde hay todas las marcas de tabaco de todas las posibles variedades. Al cabo de un año abren la puerta de la bodega, y sale el alcohólico arrastrándose por el suelo.
- Ha sido horrible, ese olor, qué mal, tengo la sangre destilada...
- Pero te pudiste aguantar... por eso te has ganado el

cielo. Abren la puerta del harén, y sale corriendo el fornicador, despegándose de una mina, completamente desnudo y con una expresión de alucinado total.
- Qué horror, lo que he visto, ¿tú sabes lo que he visto, San Pedro?
- Me lo imagino, pero has pasado la prueba, puedes entrar al cielo. Luego van al salón donde estaba el fumador, abren la puerta, y sale el tipo con los ojos enrojecidos y fuera de sus órbitas, mirando ansiosamente para todos lados, con un cigarrillo en la boca y gritando:
- ¡¡¡FUEGO!!! ¿¿Quién tiene fuego??

993.
Un francés, un Inglés y un chilenito se van al infierno, pero el demonio para fastidiarles, les dice que los deja salir si traen algo que no pueda derretir con sus manos.
- El francés va a la Tierra y trae un trozo de mármol de unas minas francesas famosísimas; el demonio se lo pone en una mano y con una facilidad increíble lo funde sin mayor esfuerzo.
- El inglés va a la Tierra y trae un trozo de un nuevo material creado en un laboratorio inglés, del que todavía no han podido ni saber el punto de fusión. El demonio se lo pone en la mano y también con una mano lo funde rápidamente.
- Finalmente, el chilenito, se busca en un bolsillo y le da como una bolita de color verde. El demonio, lo intenta con una mano, después con las dos, después usa todo su poder, pero nada, y le dice al chilenito: Bueno, me has vencido, pero al menos dime qué era este extraño material.
- M&M, se derrite en tu boca, no en tu mano ni en tu ropa!

994.
Cuando Dios creó a Adán, éste le pidió una compañera perfecta; alguien inteligente, agradable, sexy, divertida...
- Claro que te la puedo hacer... pero eso te costará un brazo y una pierna.
- Hmm... ¿y qué me podrías dar por una costilla?

PROFESIONES

¿Y tú a qué te dedicas?
- Bueno, a lo que va saliendo.
- ¿Y cómo te ha ido?
- Mal, compadre, aún no me ha salido nada.

ABOGADOS

995.
Un hombre va a un abogado.
- Y usted, ¿cuánto cobra por una consulta rápida?
- $30.000 por tres preguntas.
- Vaya, es un poco caro, ¿no?
- Sí... y dígame, ¿cuál es su tercera pregunta?

996.
¿Cuál es la diferencia entre un abogado y un vampiro?
- El vampiro sólo te chupa la sangre de noche.

997.
¿En qué se parecen los abogados a las bombas atómicas?
- Todo el mundo las tiene porque el resto de la gente las tiene, pero todo el mundo preferiría no utilizarlas.

998.
Dos abogados están en un banco cuando entran unos tipos enmascarados con pistolas. Rápidamente uno de ellos le da 10 mil al otro.
- ¿Que es esto?
- Te las debía por la cena del otro día.

999.
¿Cómo le llamas a un abogado con un coeficiente intelectual de 50?
- Su Señoria.

1000.
Papá, papá, ¿qué es un mercenario?
- Es un señor que lucha contra otros por dinero.
- Ah, bueno, como los abogados...

1001.
Un abogado llega a su trabajo el primer día. La secretaria entra en su despacho y le dice que tiene una visita; el abogado le dice que le haga pasar, entonces coge el teléfono y empieza:
- Y digale al señor Gómez que no estaremos dispuestos a aceptar menos de tres millones, y que no se moleste en llamar a menos que esté de acuerdo en esta base. ¿Está claro? (cuelga) ... Buenos días, ¿en qué puedo ayudarle?
- Buenas tardes, vengo de la telefónica a conectarle el teléfono.

1002.
El juez le pregunta al acusado :
- Entonces, insiste en que no quiere un abogado...
- No, pienso decir la verdad.

1003.
Dos amigas del instituto se encuentran al cabo de muchos años.
- Hola, niña, cuánto tiempo, he oído que te casaste.
- Sí, con un abogado, y un hombre muy honrado.
- Oye, ¿pero eso no es bigamia?

1004.
¿Por qué los del Correo no hacen estampillas con rostros de abogados?
- Porque la gente no sabría en qué lado del sello deben escupir.

1005.
¿En qué se parecen un abogado a una prostituta?
- En que a los dos hay que pagarles por adelantado y después rogarles para que se muevan.

MÚSICOS

1006.
Un pianista mediocre consigue que lo contraten para dar un concierto. En el teatro, uno de los espectadores le pregunta a su vecino de butaca:
- ¿Qué le parece la ejecución?
- Hombre, contesta el tipo, con cinco años de cárcel bastaría.

1007.
El saxofonista, que era un reconocido homosexual, estaba tocando y de repente se desafinó. El director de la orquesta le llamó la atención:
- ¿Qué te pasa que cada vez que llegas a esa parte te desafinas?
- Lo que pasa es que ese tema me excita tanto que cuando llego a esa parte, en vez de soplar, mamo.

PELUQUEROS

1008.
El peluquero al cliente:
- Señor, le pongo champú al huevo?
- No, señor, en la cabeza como a todo el mundo.

1009.
Un calvo entra a la peluquería:
- ¿Tiene usted todavía de esa loción que me vendió para impedir la calvicie?
- Por supuesto, contestó el peluquero.

- ¿Podría venderme 6 frascos? Es para hacerle una broma a mis amigos.

VENDEDORES

1010.
Ante la mala situación económica, el compraventero le dice a la amiga :
- Si hoy no vendo un auto voy a perder el culo.
- Y ella le contesta : Y si yo no vendo mi culo voy a perder mi auto.

1011.
Entra una señora al bazar y pregunta al dependiente:
- ¿Tiene bolitas de algodón?
- Oiga, señora, ¿acaso tengo cara de osito de peluche?

1012.
Un vendedor está haciendo una encuesta casa por casa sobre el uso de la vaselina y le pregunta a la dueña de casa:
- ¿Usted usa habitualmente vaselina?
- Sí, cuando algún niño tiene la piel irritada.
- ¿Y para sus relaciones sexuales?
- También, le responde la señora.
- ¿Externa o internamente?
- Externamente.
- ¿Podría decirme, exactamente, dónde se la aplica?
- Desde luego, en la manilla de la puerta, para impedir que entren los niños cuando lo estamos haciendo.

1013.
Un vendedor de aspiradoras llegó a una casa a hacer una demostración. Primero sacó de una maleta una bolsa llena de basura; colillas de cigarro, cenizas, papeles, restos de fruta, etc. y la repartió por toda la alfombra y luego dijo:

- Señora, me comeré hasta la última mota de lo que este aparato no pueda aspirar. Al oír esto la señora dijo:
- Muy bien joven, espéreme un segundo, vuelvo en seguida.
- ¿A donde va señora?
- A buscar una cuchara, porque hace una semana que nos cortaron la luz.

1014.
Un tipo entra a un negocio y empieza a pedir:
- Me da seis botellas de champagne, tres del mejor vino, unas latas de caviar, paté francés, etc. El dependiente le atiende y le dice:
- Son trescientos pesos, señor.
- Yo creo que se equivoca, lo que llevo vale mucho más.
- No señor, ese es el precio.
- Oiga, dígame, ¿y cómo lo hace para mantener este negocio con esos precios tan bajos?
- Mire, le explico, el negocio no es mío y mi jefe está en estos momentos en mi casa con mi mujer... y a mí no se me ocurre ninguna otra cosa con que cagarlo al desgraciado.

1015.
Dueña de una tienda a amigo:
- Tengo una clientela que crece día a día.
- Sí, ¿y qué vendes?
- Ropa para niños.

1016.
La señora gallega llega a la farmacia y le dice al dependiente: Vengo a devolver las pastillas anticonceptivas que le acabo de comprar.
- ¿Por qué?
- No me sirven.
- Pero, ¿por qué dice eso?
- Se me salen.

SECRETARIAS

1017.
Jefe le tengo dos noticias, una buena y una mala ¿cuál le doy primero? , le dice la secretaria. y el jefe le responde:
- Primero la buena.
- Jefe usted no es estéril.

1018.
La secretaria al jefe:
- Si ud. me compra esos guantes, le dejo que me bese las manos.
- Entonces permítame que le regale un sostén.

1019.
Una secretaria a otra: ¿Por qué dice el jefe que tú eres su secretaria bilingüe si no sabes idiomas?
Porque le trabajo en español y le cobro en dólares.

1020.
El jefe sinvergüenza le dice a la aspirante a secretaria mientras le pasa un sostén de un gran tamaño:
- Si usted desea trabajar conmigo, tiene que llenar este requisito....

1021.
Una hermosa joven se presenta para el puesto de secretaria, después de la entrevista el jefe le dice:
- Muy bien señorita queda aceptada pero mañana tráigame una foto suya donde salga muy mal.
- ¿Acaso la quiere para el archivo?
- No, es para mostrársela a mi señora.

1022.
El jefe de personal al gerente:
- Esa nueva aspirante a secretaria me tiene muy intrigado.

- ¿Por qué, señor Jiménez?
- Porque en esa parte de la solicitud donde dice «sexo» ya llenó siete páginas y sigue escribiendo.

1023.
La nueva secretaria toda coqueta le pregunta a su jefe:
- ¿Qué edad cree usted que tengo?
- Pues tiene usted la cabecita de una joven de 20 años, viste como una lola de 18, su peinado es de una niña de 12 y tiene la vocecita de una niñita de 8. Total, 56 años

CRIADAS

1024.
Una criada es despedida despues de servir varios años en esa casa; cuando llega el momento de marcharse les dice a los patrones:
- Me voy inmediatamente y no se merecen que me despida de ustedes....luego acaricia al perro y dice:
- sólo él merece que le diga adiós porque fue el único que siempre me ayudó a lavar los platos.

1025.
La dueña de casa le dice a la nueva criada:
- Y una última pregunta, María, ¿a tí te gustan los gatos?
- Oh, sí señora, yo como de todo.

CIRCENSES

1026.
El tipo fue a buscar trabajo al circo y el administrador le preguntó qué sabía hacer.
- Yo soy el hombre mosca.
- Ah, qué bien, ¿de esos que trepan paredes?
- No, de esos que se paran sobre la mierda.

1027.
Un hombre va a entrevistarse para trabajar en un circo. Habla con el director y le preguntan:
- Bueno, pero usted ¿qué es lo que hace exactamente?
- Pues yo imito a los pájaros.
- ...Mm... No, no,... eso no me interesa...
- Y el tipo se fue volando.

JUECES:

1028.
Una señora muy alta llega donde el juez y le dice :
- Señor juez, vengo a denunciar que me violó un enano.
- Pero, señora, le dice el juez ¿cómo la va a violar un enano si es tan chiquitito?
- Es que yo me agaché señor juez.

1029.
Señor juez, este idiota me violó
- ¿Y por qué lo trata de idiota?
- Porque tuve que explicarle cómo.

1030.
El juez le dice al preso:
- Lo condeno a 150 años.
- Gracias, señor juez, le dice el condenado.
- ¿Y por qué me da las gracias, hombre?
- Porque nunca pensé que iba a vivir tanto.

1031.
El juez le pregunta al acusado:
- ¿Qué excusa tiene para haber robado ese automóvil?
- Es que como estaba en la puerta del cementerio, pensé que el dueño estaba muerto, Sr. juez.

1032.
Sabe, señor juez, le dice el delincuente, yo me lavo las maseñonos
como Pitágoras.
- Se dice, me lavo las manos como Pilatos.
- Bueno, no me va a decir que Pitágoras no se lavaba las manos.

1033.
El juez al acusado:
- le notifico que usted ha sido condenado a 30 años de trabajos forzados.
- Usía ¿puedo sentarme un ratito antes de comenzar?

1034.
¿Cómo se dio cuenta que el conductor estaba borracho?, Consulta el juez al policía.
- Porque metió una moneda en el parquímetro y exclamo:
- ¡¡¡Caramba, baje 7 kilos!!!

1035.
En un pueblecito se da la coincidencia que el juez civil es también el almacenero. Un día es llamado para celebrar un matrimonio.
- Jesús García, pregunta tranquilamente, ¿quiere Ud. por esposa a la aquí presente, María Pérez?
- Sí quiero, responde con voz firme el esposo. Entonces distraído el juez le dice:
- ¿Quiere que se la envuelva o se la lleva puesta?

1036.
En una visita a la cárcel, el juez le pregunta a un recluso:
- A ver Ud. dígame con franqueza, cuál es la verdadera razón por la que está aquí.
- Porque no me he podido escapar, señor juez.

MARINOS

1037.
En un buque de guerra, muestran todo a un nuevo aspirante:
- Y este cajón con el agujero reemplaza a la mujer, le dice el sargento.
- Qué maravilla ¿Y puedo usarlo todos los días?
- Sí, menos los jueves, porque ese dia te toca a ti meterte adentro a hacer el servicio.

1038.
Un tipo llega al bar y pone sobre el mostrador a un hombrecito de diez centímetros de estatura, vestido de marino y ordena:
- Quiero un whisky doble para mí y un dedal de wisky para el capitán. El barman asombrado le pregunta:
- ¿Es de verdad el hombrecito?
- Claro, además, es capitán de la marina. A ver capitán, cuéntele alguna de sus aventuras a este hombre para que vea. El capitán empieza a contar:
- Una vez yo iba por los mares del sur... y el tipo le interrumpió:
- Oiga, capitán, ¿por qué no le cuenta del día en que le sacó la madre al brujo de la tribu?

CONTESTADOR TELEFÓNICO

1039.
Ring, ring. Hola, no puedo ponerme ahora al teléfono porque... bueno, si, o sea, sí puedo, ahora sí puedo ponerme, de hecho estoy grabando este mensaje, lo que quiero decir es que lo estoy haciendo ahora... o sea... antes... bueno, que cuando usted lo escuche luego, que será ahora... no... luego... no, espere, usted está escuchando esto luego, digo ahora... no... la estoy cagando... chuchas, esto es un lío...clic.

1040.
Ring, ring. Hola. Este es el contestador automático del centro de control para almacenamiento y lanzamiento de misiles nucleares intercontinentales de las fuerzas aéreas de los Estados Unidos. Ahora mismo no podemos atenderle, pero cuando oiga el bip deje una lista con los objetivos que quiere destruir y ya lanzaremos los cohetes cuando podamos. Muchas gracias.

1041.
Ring, ring. Hola, este es el contestador automático del 483 73 42. Ahora mismo no estamos, pero si... lo siento, perdone, Pepito, ¡Deja a tu hermana en el suelo! ¡¡¡Que la dejes en el suelo he dicho !!! (se oye romperse un cristal) ¡¡Mierda!! qué desastre!! Pero, Pepito, niño, estamos en un quinto piso ¡Mira lo que le has hecho a tu hermana...! hay que ser muy bruto, Mire, no puedo atenderle ahora, ¿por qué no deja el recado y yo le llamaré luego? clic.

1042.
Ring, ring. Usted está cansado. Sus párpados se están volviendo pesados y se cierran lentamente. Usted tiene sueño y está perdiendo gradualmente su voluntad y su capacidad de resistir sugestiones. En cuánto oiga el bip sentirá una necesidad irrefrenable de dejar su nombre, número de teléfono y mensaje.

1043.
Ring, ring. Este contestador automático está conectado a un transformador de 50.000 voltios; este lindo gatito (se oye un maullido) morirá electrocutado si usted cuelga antes de haber dejado su mensaje.

1044.
Ring, ring
- Diga.
- ¿Es la embajada de Laos?
- Si
- Pues me puede mandar uno de vainilla, por favor.

1045.
Ring, ring...
- ¿Sí?
- ¡Doctor, doctor, mi mujer está a punto de dar a luz!
- ¿Es su primer hijo?
- No, soy su marido.

1046.
Ring, ring...
- ¿Hola?
- Buenos días, ¿puedo hablar con Jaime ?
- No creo, sólo tiene dos meses.
- Bueno, no importa, esperaré...

1047.
¿Me das tu teléfono?
- Sí, hombre, ¿Y con qué llamo a mis amigos?

ERA TAN...

Era tan, tan ... que parecía campana.

1048.
Era tan, pero tan tonto que creía que «anonadado» era un baño de asiento.

1049.
Era tan, pero tan tonto que creía que violar la ley era abusar de una mujer policía.

1050.
El tipo era tan audaz que vendía coca y daba boleta.

1051.
Era tan pobre que como no tenía para hacer almuerzo, invitaba a dos evangélicos para tomar sopa de canutos.

1052.
Era tan tonto que creía que había barcos de velas y de ampolletas.

1053.
Era tan tonto que creía que meticuloso era lo mismo que supositorio.

1054.
Era tan tonto que creía que círculo era un lord inglés.

1055.
Esa señora era tan resistente, pero tan resistente, que aguantaba 20 comerciales de TV de corrido.

1056.
La lola era tan tonta que cada vez que tenía que sumar uno más uno se miraba el sostén.

1057.
Era tan, pero tan rica, que a las patas del piano le ponía sus mejores medias.

1058.
La niña era tan rica, pero tan rica, que hasta ella misma se chupaba los dedos.

1059.
Era tan, pero tan flaca, que tuvo que esperar que le salieran las tetas para saber dónde tenía la espalda.

1060.
Es tan, pero tan vieja, que en vez de ir al masajista, va al embalsamador.

1061.
Es tan, pero tan vieja, que va ya en su tercera reencarnación.

1062.
El tipo tenía tan mala suerte que se enteró de que era estéril cuando tenía tres hijos.

1063.
El tipo tenía los hombros tan levantados, que no podía decir, «a mí que me importa».

1064.
Era tan huevón que creía que si los hombres tenían almorranas, las ranas tenían almohombres.

1065.
La mujer era tan fea, que cuando nació, el papá se castró.

1066.
La lola era tan fea, pero tan, fea que en lugar de menstruar.... monstruaba.

1067.
Cómo sería de fea que cuando jugaba a la escondida, nadie la salía a buscar.

1068.
Le decían el rinoceronte, porque era tan, pero tan cornudo, que tenía los cuernos en las narices y no se daba cuenta.

1069.
Era más ordinario que:
- Novia en colectivo.
- Semáforo a leña.
- Promotora de churros.
- Toalla higiénica de guaipe.
- Motel con camarotes.
- Citroneta con portaesquíes.

ADIVINANZAS

1070.
¿En qué se parece la mujer a la ropa sucia?
- En que la ropa sucia se lava y después se plancha en cambio la mujer se plancha y después se lava.

1071.
¿En qué se parece una viuda a una hormiga?
- En que las dos tienen los huevos bajo tierra.

1072.
¿Sabes por qué las mesas de billar son verdes?
- Bueno, cualquiera se pondría verde si tuviera quince bolas y se las llevaran golpeando todo el día.

1073.
¿Saben cuál es el lema de los maricones?
- No hagas con la mano lo que puedas hacer con el ano.

1074.
¿En qué se parece un diputado a un condón?
- En que el diputado es miembro de la honorable cámara y el condón es la cámara del honorable miembro.

1075.
¿Sabes por qué los hombres no usan hot pants?
- No, ¿por qué?
- Porque se les sale el hot dog.

1076.
¿En qué se parece un policía a un ascensor?
- En que los dos son cuadrados, llenos de botones y todo el mundo los sube y los baja.

1077.
¿Sabes cómo hacen el amor los leones?
- ¡No tengo la menor idea, mi marido es rotario!

1078.
¿Que pasaría si un elefante se apoyara sobre una pata?
- Muy simple, el pato se quedaría viudo.

1079.
¿Saben por qué las mujeres tienen relaciones extramatrimoniales?
- Porque los maridos no les dan relaciones matrimoniales extras.

1080.
¿Por qué los negros usan guantes blancos cuando comen chocolate?
- Para no morderse los dedos.

1081.
¿Saben porqué los policías gallegos llevan una tina de baño sobre el techo de las patrulleras?
- No ¿por qué?
- Para que se bañe la sirena.

1082.
¿Saben quién inventó el alambre?
- Dos judíos peleándose por una moneda.

1083.
¿Saben en qué se diferencia una paloma de una mujer, de

un viejo, de una soltera, de un soltero y de una viuda ?
- Pues muy sencillo:
- La paloma es el pájaro de la paz
- La mujer es la paz del pájaro
- El viejo tiene el pajaro en paz
- La soltera no sabe lo que es la paz del pájaro
- El soltero no deja el pájaro en paz
- Y la viuda no puede vivir en paz sin el pájaro.

1084.
Madonna no lo tiene; el Papa lo tiene, pero no lo usa; Bush lo tiene corto, Schwartzenegger lo tiene largo y duro. ¿Qué es?
- El primer apellido, obviamente.

1085.
Un hombre lo hace de pie una mujer lo puede hacer sentada un perro lo hace a tres patas ¿qué es?
- Dar la mano.

1086.
¿Cómo se llama el chino más rápido del mundo?
- Chiuuuuung .
- ¿Y el segundo más rápido del mundo?
- Chiuuuuung chiuuuuung .

1087.
¿Cómo se llama un barco lleno de gitanos?
- Gitanic

1088.
¿Cómo se llama el hermano negro del agente 007?
- Bond, Car Bond.

1089.
¿Sabes cómo le dicen al presidente?
- No, ¿cómo le dicen?
- El embrague.
- ¿Y por qué?
- Porque primero mete la pata y después hace los cambios.

COLMOS

¿Cuál es el colmo de...?

1090.
La honestidad : Una mujer embarazada comprando dos billetes para el metro.

1091.
Del rechazo : Cuándo tu mano se duerme mientras te estás masturbando.

1092.
La curiosidad. Tirarse un peo en una silla de rejilla e intentar saber por qué agujero ha salido.

1093.
La confianza: Dos maricas caníbales haciendo un 69.

1094.
Un pedicuro ateo: No creer en la reencarnación.

1095.
Un minero: Que la señorara le dé «fierro», la suegra sea «plomo» y el hijo lo deje sin ni «cobre».

1096.
Un gendarme bígamo: Andar sin sus «esposas».

1097.
Un padre calvo: Tener un hijo «prelado».

1098.
Un peruano huerfanito: Vivir siempre «cholito».

1099.
Un fabricante de jugo: No tener un hijo «kapo» y que a su mujer le desagraden sus «caricias».

1100.
Un dueño de frutería: Que le paguen el dia del níspero.

1101.
Un gerente de banco: Que a su perrita regalona le hagan un «chequeo» y la encuentren «cruzada».

1102.
Un gusano diabético: Vivir en una manzana confitada.

1103.
Un vampiro picota: Tener sangre en el ojo.

1104.
Un ajedrecista: Apellidarse «torre», trabajar como «caballo», que su señora se crea «reina» y vivir como «peón».

1105.
Un policía tahitiano: Ser un poli-necio.

1106.
Una serpiente ciega: Casarse con una manguera.

1107.
Un gendarme católico: Tener una «sor-presa».

1108.
Un molusco casado: Que la esposa lo pille con «ostra».

1109.
Un traga-sables: No poder tomarse una vaina.

1110.
Un guarda-equipaje: Que le peguen a la maleta.

1111.
Un carpintero: Que su señora tenga la cola fría.

1112.
Un policía de la brigada de delitos sexuales: Pertenecer a la policía montada.

1113.
Los hermanos Bustos: Ser el sostén del hogar.

1114.
De un jockey árabe: Que le ganen por nariz.

1115.
De un maestro de artes marciales: Tener muy mal «karater».

1116.
De un astronauta: Que su estrella favorita, no quiera darle su autógrafo.

1117.
De la impotencia: Tener que empujar la lengua con los dedos.

PENSAMIENTOS

1118.
Los niños que pasan el río en la noche amanecen con sentimiento de «mea culpa».

1119.
Una ventaja del autocine: las mujeres siempre encuentran los zapatos a la hora de partir.

1120.
La mujer más mala del circo, es la mujer malabarista.

1121.
Es curioso, pero el país que tiene más divorcios en el mundo se llama «Estados Unidos».

1122.
El primer bebé «in vitro» fue Mahoma, porque fue un «bebé profeta»

1123.
Para invitar a su cumpleaños, un bebé probeta debe escribir: - Te «invitro a mi fiesta».

1124.
Si los teléfonos inteligentes son tan inteligentes, ¿por qué pasan colgados?

1125.
Un «palo» es una huelga de tlabajadoles chinos.

1126.
La kinoterapia...es el tratamiento para resolver todos los «problemas jugando al kino».

1127.
En las escuelas de guerrillas utilizan el «Manual Rodríguez».

1128.
Seguramente las escuelas para pollos deben llamarse «institrutros».

1129.
Más difícil que encontrar un enfermo de cólera, »estítico».

1130.
¿Cómo hacen el amor los puerco espines?...
- ¡Con mucho cuidado!

1131.
Los perros guardianes se parecen a los sostenes porque se amarran de día y se sueltan de noche.

1132.
A un sabio le pidieron su opinión sobre política y religión y él contestó: a mí no me interesan ni las masas ni las misas, sólo me importan las mesas, las mosas y las musas.

1133.
Los mejores discursos son los llamados «bikinis», o sea, muy breves y que cubran solamente los puntos esenciales.

1134.
El matrimonio es una cadena tan pesada que necesita dos personas para llevarla, y a veces tres.

1135.
El segundo matrimonio es el triunfo de la esperanza sobre la experiencia.

1136.
El talento no consiste en saber lo que se debe hablar, sino en lo que se debe callar.

1137.
La única forma de llegar a los cien años es cuidarse muy bien a los noventa y nueve.

1138.
Es muy difícil que los padres estériles le transmitan ese defecto a sus hijos.

1139.
La mejor manera de perder el tiempo el sábado por la noche es esperar a la polola dos horas para que se vista, para después llevarla al departamento y desnudarla en cinco minutos.

1140.
El amor es la peor enfermedad; siempre se termina en la cama.

EPITAFIOS

Cuando se muera mi representante voy a escribir:
- «Aquí siguen descansando los restos de Claudio Riquelme».

1141.
Epitafio en la tumba de una suegra:
- «Aquí yaces y haces bien, tú descansas y yo también».

1142.
Epitafio en la tumba de un campesino pobre:
- «Al fin te dieron la tierrita que tanto pedías».

1143.
Epitafio en la tumba de un marido parrandero:
- «Al fin sabre dónde pasas las noches».

DEFINICIONES

1144.
Homosexuales: sujetos que se visten de mujer sin que sea carnaval y que juegan a las damas sin tener tablero.

1145.
Cigarrillo: cilindro de papel relleno de tabaco, que en un extremo tiene una brasa y por el otro un estúpido aspirando aire envenenado.

1146.
Abogado: sujeto que vive de los problemas ajenos y que siempre gana, aunque pierda.

1147.
Moralista: sujeto que se la pasa dando buenos consejos, porque ya no puede dar malos ejemplos.

1148.
Nada: una mesa sin tablas, sin cubierta, sin patas y sin mantel.

1149.
Cornudo: tipo distraído que tiene una mujer feliz.

1150.
Diplomático: tipo que logra convencer a su mujer que se vería muy gorda con un abrigo de piel.

1151.
Política: el arte de obtener el dinero de los ricos y el voto de los pobres para defender a los unos de los otros.

1152.
Consejo: aquello que el sabio no necesita y el tonto no sigue.

OTRAS YERBAS

1153.
Los hombres son como el carbón, si no la queman a una, la ensucian.

1154.
Las mujeres son como las leyes, hay que violarlas.

1155.
Las mujeres son como las fotos, se revelan en la oscuridad.

1156.
Los hombres son como el colectivo, vienen todos menos el que una espera.

1157.
Los hombres son como el cigarrillo... primero se prenden y después se hacen humo.

1158.
Cada hombre quiere ser el primer amor de una mujer, cada mujer quiere ser el último amor de un hombre.

1159.
La gallina no tiene tetas... por eso el gallo no tiene manos.

1160.
Anoche me echaron un polvo que casi me mata, dice una cucaracha.

1161.
Mi mujer es un ángel.
¡Qué suerte que tienes, la mía todavía vive!

1162.
Cuando una dama dice no, quiere decir quizás; cuando dice quizás, quiere decir sí; y si dice sí, no es una dama.

1163.
Los que se masturban son autodidactas sexuales.

1164.
Lo que natura no da... silicona lo soluciona.

1165.
Una mujer sin tetas es como un saco sin bolsillos: uno no sabe dónde meter las manos.

1166.
El hombre se parece a la propia sombra: si lo persigues, se va; si huyes de él, te persigue.

1167.
La confianza mata al hombre... y embaraza a la mujer.

1168.
Una novia sin tetas más que novia es un amigo.

1169.
La masturbación produce dos cosas: la primera es la pérdida de la memoria, la segunda... la segunda... ¿y la segunda?

1170.
Pelear por la paz es como coger por la virginidad.

1171.
Las vírgenes pasan muchas Navidades pero ninguna Noche Buena.

1172.
A mí el sexo me gusta como el café. Bien caliente, bien fuerte... y sobre la mesa de la cocina.

1173.
Descubrieron una sustancia nueva contra el SIDA:
Nitrato de ponerla.

1174.
Si te he visto no me acuerdo, si te desvisto no me olvido.

1175.
Más vale pájaro en mano, que la mano en pájaro ajeno.

1176.
No hay mujeres feas... sólo hombres sobrios.

1177.
Cinco minutos de emoción... nueve meses de hinchazón.

1178.
El que empieza soplando nucas, termina mordiendo almohadas.

1179.
Más vale pájaro en mano, que padre a los 18 años.

1180.
La diferencia entre hacer el amor por un precio y hacer el amor gratis, es que gratis, es por lo general mucho más caro.

1181.
Vagina llena... con razón contenta.

1182.
Las vírgenes que se meten de monjas no tienen cura.

1183.
Ser viejo no es un problema ni un estorbo, pues viejos son los caminos y todavía echan polvo.

1184.
¡Manuela, te extraño!, dice un manco.

Sea consciente ¡use condón!, más vale prevenir que alimentar.

LOS MEJORES HUMORISTAS DE CHILE

Esta es la sección que más me reconforta y eso por varias razones:

La primera de ellas es por la posibilidad de compartir estas líneas con amigos y colegas, todos ellos grandes profesionales de esta difícil disciplina de hacer reír.

En segundo lugar, por haberme llevado la maravillosa sorpresa de que, cuándo les propuse esta idea, todos sin excepción, accedieron a participar en forma tan simpática y absolutamente desinteresada.

Y por último y lo más importante, es que nos podemos seguir riendo con una variedad de comediantes que cualquier estelar de televisión soñaría con reunir en un mismo programa.

A todos ellos sólo me resta decirles:

GRACIAS POR REGALARNOS ESTAS SONRISAS.

COCO LEGRAND:

Mira Checho, yo chistes no cuento, pero te quiero hacer una reflexión con esto de las indemnizaciones. Me acabo de enterar que el Partido Demócrata Cristiano es el más antiguo del mundo, puesto que en la época de Alí Babá, ya tenía 40 militantes... inscritos.

ÁLVARO SALAS:

Checho: Quiero hacerte una sugerencia. No anuncies que va un chiste mío o si no la gente va a comprar esa pura página.
No... mucha suerte con el libro y con tu programa de televisión. Que no decaiga ni tu Video ni tu «Penetencia».

Ahí va el chiste:

Deja su cargo después de mucho tiempo el director de gendarmería y le organizan un gran show donde asistieron Los Prisioneros, Paco de Lucía, La Ley y otros y asistieron los gendarmes con sus «esposas» y sus señoras. La comida era muy ad hoc. Por ejemplo, todas las presas venían acompañadas de dos porotos verdes. La parte más emotiva fue el discurso de despedida del director:
- Después de tantos años uno se encariña con los reclusos. Cómo no recordar al Guate' Lapiz, el Perilla, el Care'cueca... y tantos otros que se me «escapan».

DINO GORDILLO:

Un tipo que hace tiempo anda buscando pega, lo llaman de un banco donde había mandado un currículum. El gerente le pregunta por qué no tenía trabajo si poseía tan buen currículum.
El tipo le dice:
- Yo le voy a explicar: lo que pasa es que hace algunos años yo estaba jugando fútbol y un rival me pegó una patada tremenda en las bolas y me las tuvieron que amputar, así que cuando me acuerdo me bajoneo tanto que dejo el trabajo.
- No, eso no es problema. Preséntese el lunes a las 10 de la mañana y aquí lo vamos a tratar bien...
- Oiga, pero aquí no entran a las 9 de la mañana...

- Sí, dice el gerente, lo que pasa es que aquí, todos se tiran las bolas de 9 a 10.

RICARDO MERUANE:

A propósito de tantas sectas religiosas que han salido últimamente, que se visten en forma exótica y que usan peinados raros y pintas en la cara, un tipo ve pasar por la calle a un lolo con una mancha blanca entre la frente y la nariz, y le pregunta:
- ¿Hare krishna?
- No huevón, una paloma...

BOMBO Y BOMBITO FICA:

Un saludo afectuoso de parte de Bombo y Bombito Fica y te regalamos este chiste contado por los dos:

- Bombito: Papá, ¿me puedes comprar una caja de bombones con licor?
- Bombo: Por supuesto hijo, pero, ¿por qué con licor?
- Bombito: Es que quiero olvidar a una niñita del jardín....

PALTA MELÉNDEZ:

Un grupo de estudiantes fueron invitados a un congreso de científicos. El presentador dice:
- Hoy día estarán los mejores científicos del mundo... interrumpe un estudiante preguntando:
- ¿Y Einstein va a estar?. Y él le responde:
- Mira, hijo, eso es relativo...

CHAROLA PIZARRO:

Llega un tipo a la comisaría a dar cuenta del robo de su televisor. El cabo de guardia le pregunta:

- Dígame, ¿cómo era su televisor?
- Bueno, es un televisor negro y con botones...
- ¿De cuántas pulgadas?
- De 29 pulgadas y tiene dos parlantes, uno al lado izquierdo y el otro al lado derecho...y el policía un poco molesto le dice:
- Oiga pero casi todos los televisores son así. ¿ Podría darme una característica un poco más específica ?
- Bueno, justo cuando me lo robaron estaban dando «Sabados Gigantes».

CHE COPETE:

Una pareja de recién casados comenta después de hacer el amor. La mujer dice:
- Si sale hombrecito le vamos a llamar Pedrito y si sale mujercita le llamaremos Cecilita....y el marido que no quería tener hijos todavía dice, sacándose el condón y haciéndole un nudo:
- Si salís de aquí te vai a llamar Superman, huevón.

ÍNDICE DE CHISTES O SECCIONES:

	Pág.
1. NIÑOS	11 - 33
2. LOLOS	34 - 38
3. PAREJAS, NOVIOS Y MATRIMONIOS.	39 - 61
4. SUEGRAS	62 - 64
5. FRESCOS	65 - 67
6. ANCIANOS	68 - 72
7. RESTAURANT	73 - 75
8. EBRIOS	76 - 86
9. DELINCUENTES	87 - 91
10. DOCTORES	92 -112
11. AMIGOS	113-124
12. ANIMALES	125-139
13. MUJERES	140-154
14. HOMBRES	155-159
15. CONDONES	160-162
16. FEMINISTAS	163-172
17. MACHISTAS	173-183
18. MARIPOSAS Y MARIPOSOS	184-194
19. MUJERES DE VIDA FÁCIL	195-197
20. GALLEGOS	198-228
21. GENIOS	229-230
22. HUASOS	231-232
23. LOCOS	233-235
24. MENDIGOS	236-238
25. PAÍSES	239-260
26. RELIGIOSOS	261-273
27. PROFESIONES	274-282
28. CONTESTADOR TELEFÓNICO	283-285
29. ERA TAN...	286-288
30. ADIVINANZAS, COLMOS, PENSAMIENTOS, EPITAFIOS DEFINICIONES Y OTRAS YERBAS.	289-302
31. LOS MEJORES HUMORISTAS DE CHILE	303-306